「本物の学力」を伸ばす
授業の創造

北尾倫彦　著
NORIHIKO KITAO

図書文化

まえがき

学校の先生の仕事は多岐にわたり、年ごとに仕事の量が増え続けています。特に若い先生は授業の準備さえままならぬ多忙な日々が続き、悩みが募っているのではないでしょうか。しかし授業で手を抜くことは許されません。その被害を受けるのは子どもだからです。この本は先生方の授業をお助けするために、いろいろなアイデアを提案していますので、これを利用して教える力を磨いてほしいと思います。

これからの社会を展望すると、一つには異質な文化や思想を持つ人々と交わる国際化が進むので、強くてしなやかな対話力が必要になります。また二つ目には、情報化が進むので情報の洪水に流されないように、自ら考える基盤となるしっかりと構造化された知識が求められます。

この本では、これら二つを軸にして本物の学力を伸ばす授業を追究したいと考えています。子どもたちが将来生きていくのに、真に役立つ力をここでは本物の学力と呼んでいます。

この本物の学力を伸ばすには、授業を変える必要がありますが、大幅に変えると混乱が起こり、先生方の悩みが増えるだけです。

全国各地の授業研究に関わった経験に基づいて、この本では極めて実際的な改革を提案しています。話し方や教材づくりから始め、授業の組み立て方など、明日からでも実施できるものです。

しかし技術を工夫するだけでは改革が進みません。先に述べたこれから必要となる学力づくりを理念として掲げ、学校全体で創造的に取り組むこともこの本では論じています。それによって先生一人一人の意識が変わり、教える力も磨かれることでしょう。

この本を執筆する動機になったのは、今回の東日本大震災です。お助けしたいと思っても、老学者にできることはペンを執ることだけでした。

評価規準シリーズで多忙だった図書文化社出版部の大木修平氏に献身的に協力していただいた結果、ようやくこの本が誕生したのです。同氏に厚くお礼を申し上げるとともに、被災地の先生方のご苦労を想い、学校の一日も早い再興を念じております。

平成二十三年四月

北尾倫彦

目次

第1章　教える力は授業研究会で鍛えられる

授業研究会はわが国の自慢すべきお家芸だった

「研究会」というだけで顔をそむけてしまう先生がおられるように、授業研究は今の学校現場ではあまり評判がよくないようです。しかし外国では日本の授業研究が高く評価され、「授業研究」という用語がそのままローマ字で表記されていることからも分かるように、わが国独特のものとして注目されています。

この内と外のギャップの原因を理解するには、わが国の授業研究の歩みをふり返ってみる必要があります。

授業研究がはじめて盛んに行われたのは、明治十年代から二十年代初めにかけての頃だといわれています。しかし、その頃は学校という近代的な制度を政府が定着させようとしていた時期ですから、欧米にならって一斉授業のやり方や形式を押しつけるための研究会だったのです。

学校現場で自発的に行う授業研究会は、大正時代に入ってから始まったといえます。

例えば、大正六年に開校した成城学園の小学校では、個性尊重の教育という理念の下に授業研究に独自性を発揮しています。明治時代からの型にはまった教育ではなく、私立学校の立場を生かした自由な形の授業、例えば自由選択による学習などを取り入れて実践しました。機関雑誌でその実践や理論を公表し、広く注目を集めたようです。

そこで行われた授業研究会の記録によれば、創設者で校長を務めた澤柳政太郎をはじめ、主事だった小原國芳も参加したようです。またこの本の第4章で紹介する芦田惠之助も授業を参観していたことが記されています。理論家と実践者が一体となって取り組んでいたことが分かります。

これ以外にも、奈良女高師の附属小学校や明石女子師範の附属小学校の実践的研究は自主的に行われ、広く公立学校にも影響を与えたものであり、わが国の授業研究の新しい伝統を創ったといえます。

前者の奈良の場合は、木下竹次が二十余年にわたって主事（校長）を務め、理論的な啓発と日常的な実践的研究の両面からリードしています。その成果は機関雑誌で紹介され、全国的な研究のネットワークを形成したといわれています。

そこでは、子どもたちが取り組む学習の対象が具体的で現実的であり、また明確でなければならないと論じられました。さらに学習活動としては、自ら考える独自学習から入り、その後に集団で学ぶ分団学習が続き、最終的に自分で学びを総括するという、個から始まり個に戻る学習を「奈良の学習論」として主張しておりました。

後者の明石の場合は、三十年にわたって主事（校長）を務めた及川平治が情熱を注いで導いた実践的研究が行われ、全盛期の大正十年頃には一か月に二千人以上が授業の参観に訪れるほどに全国的な注目を集めたようです。

そこでは、教材（題材と呼んだ）は子どもが求めて自ら改造するものとみなされました。そして、その中身を子どもが「必要だなあ」「欲しいなあ」と感じさせるために、子どもと教材の間に橋をかける指導（補導と呼んだ）を行うのであると論じています。教材を固定したものとみるのではなく、動的に捉える点から「動的教育論」として提唱されていました。

これら三つの実践的研究に共通している点は、学校現場から発案された自主的な研究だということです。右に挙げた三人の代表者は校長や主事の職にあり、上から押しつけた研究ではないかと反論されるかもしれませんが、けっしてそうではなかったようです。

上から提案されても、その学校のすべての教師が創造的に取り組んでおり、それぞれが理論的にも深めていっています。また木下竹次や及川平治は長くその職にとどまり、学校現場に溶け込んでいましたから、現場の側に立った人だったといえます。

明治期における官制の授業研究と大正期における自主的な授業研究が、ともにその後のわが国の学校の取り組みに影響を与え続けました。

明治期のように、一斉授業の型にはめ込むための研修という性格はその影を今日まで残しています。板書や机間巡視などを細かく指摘し合うことが授業研究の中心になっています。しかし、また大正期のように、理念を掲げて自主的に取り組もうとする学校もあります。附属学校や私が訪れた各地の研究校はそれぞれ独自性を発揮しようと努力しています。

昭和期以降はこの二つの流れが融合し、多くの学校の授業研究が安定的に進むようになったといえます。そのため、外国からみると、わが国はどこでも授業研究が行われ、それが教育水準の向上に貢献していると思われたのでしょう。

では、なぜ最近のわが国の教師の間では、授業研究への情熱が冷め、消極的になってしまったのでしょうか。もちろん、熱心に取り組んでいる学校や教師もありますが、少数派に属するのではないでしょうか。また、数の上では授業研究会は盛んだといえますが、そこでの討論の様子をみてみると昔のような熱気を感じることは稀です。

その原因には学校を取りまくいろいろな事情がからんでいると思われますが、主な原因は先輩から後輩への伝承がうまくいかなくなったことです。

かつては永年研究に取り組んできた先輩の教師が、新任の若い教師に教え、互いに激しい討論を行いながら研究を盛り上げていましたが、今日ではそういう学校が少なくなりつつあります。

若い教師が望んでいても、先輩の教師が遠慮しているのではないかと思われますが、その背景にはより深い事情が今日の学校にはあるのかもしれません。

しかし今日においても、大正期の自主研究の雰囲気を受け継いで授業研究を行っている学校もあるわけですから、先輩と後輩という関係でなくても、全員が重要な構成メンバーとなって取り組めば、再び熱気に満ちた授業研究をどの学校でも行うことができるのではないでしょうか。そうすればこの授業研究というお家芸を後世まで残すことが可能ではないかと考え、私は強く望んでいます。

本質を突いた厳しい批判が授業を創る

今行われている授業研究会には、三つのタイプがあります。第一は、大正期からの伝統を受け継ぎ、独自な理論武装を行い、厳しい討論が行われている研究会です。第二は、国や地方自治体から指定され、そのときの教育施策のテーマに応じた研究を行っている場合です。そして第三は、地域内での交流によって、相互に批判しながら進める研修型の研究会です。

第一のタイプから話を始めましょう。

実は、私がはじめて赴任した中学校は、先に紹介した明石の附属校だったのです。わずか一年で同じ大学の助手になったので、その研究を熟知しているわけではありませんが、その雰囲気だけは今なお鮮明に覚えています。

及川平治の教育論を受け継ぎながらも、その後の教育界の流れに応じた研究課題を追究し、それらを「明石プラン」として全国に発信していました。私が面食らったのは、明石プランの中には独特の教育用語があり、それを使った議論が延々と続いたことです。

毎年五月には公開研究発表会が行われたのですが、新任であっても研究授業を担当しなければならなかったのです。着任からわずか一か月余で、その独特の教育用語で指導案を書くことになり、「指導上の留意点」と書くと、「輔導上の留意点」と書き直すように言われました。用語から授業の構成に至るまで明石プランの理論に合致している必要があり、石炭ストーブを囲んで先輩から厳しい指導を受けました。

明石附属だけではありません。その後、浜松の附属小学校の研究会に助言者として参加した際にも、先生たちが独特の用語で議論されているのは困りました。しかしその熱い情熱的な雰囲気に圧倒され、こちらから反論する勇気もなかったことを覚えています。

このように第一のタイプの授業研究においては、学校独自な理論を共有し、独特の言葉を交えながら熱っぽく議論することが重視され、これによって教える力を高めていたといえます。

しかも研究校で鍛えられた教師がその地域の学校へ転任し、その理論や実践を伝えていくので、地域全体のレベルが高くなりました。

それに比べ、第二や第三のタイプの授業研究会には、このような独自の理論も実践もみられず、どの学校でも時流に乗ったテーマや用語を同じように使い、クールな話し合いが続きます。テーマや用語をよく知っている教師が全体をリードし、他の教師はそれを学ぶという受け身の姿勢で参加しています。

したがって、理論と実践が結びつかず、授業についての批判は専ら教材の工夫、板書、机間巡視といった技術面に集中します。独自な考えを出して議論するという場面はほとんど見かけません。

そのため授業研究への参加は義務的なことと考えられ、人並みの授業ができたら良いと思う教師が多くなったように思います。厳しい議論によって教える力を磨こうという若い教師が現れないのはそのためです。

このような現状をふまえ、次の二点を重視した改革を提案したいと考えます。

第一には、学校または同志のグループで一つの理念を根底から理解し、共有することが大切です。

学校の教師の一番の強みは子どもの実態をよく知っていることです。日常の観察だけでなく、調査やテストによって子どもたちに何が足りないかを把握できているはずです。その強みを生かし、「○○○の力を育てるため、△△△のやり方で授業をすべきだ」という単純な理念を設定します。

次に、この理念を具体化するために、過去の実践研究や関連する文献を調べて△△△のやり方を理論的に肉付けし、筋を通して語ることができるレベルにまで詳しいものにします。

ここまでの作業は、研究部や幹事会の数名の教師によって集中的に行うのが効果的ではないかと思います。

次に、この原案を全体会で提案し、練り直すのです。その際、全員の共通理解を得るため、根気強く説得に当たる必要があります。相手の意見を受け容れながら自説を主張する力が成否の決め手であるといえます。

教科ごとの研究会であるとか、志を同じくする教育研究会であれば、共通理解に達するのは比較的に容易です。しかし学校単位の場合はむずかしい場合が多く、時間をかけて話し合うだけでは沈黙と無視が続くことがあります。

一通り説明してから、ワークショップ形式で作業するのも一案です。一人一人が責任を分担して参加することができるからです。小グループの作業結果を全体の場で報告し、他のグループとの協調を図ることが大切です。

中学校では教科の特殊性が強く主張されることが多く、学校全体で足並みを揃えるのがむずかしいという声を聞きます。大切なことはどのような学力（教育目標）をめざすかという理念を共有することであって、理想の子ども像を強調して理解してもらうことです。もちろん教科特性を生かした授業を重視すべきですが、目の前の子どもの実態から生まれた理念が軽視されたのでは改革は進みません。

第二には、授業を公開し、広く意見を求めることが大切です。

わが国では「学級王国」といわれるように、自分の城に他人が入ることを嫌う傾向がありました。しかし他人の目から見た意見は、自分の考えや行動を見直すための大切な情報であり、そのような縄張り意識は捨ててほしいものです。

校内で授業を公開する場合は、互いに顔見知りの仲ですから、どうしても遠慮してしまいます。しかし、気をつかわずに直言することが相手のためにもなり、自分のためにもなるのです。これが対話の大切な条件であり、教える力を伸ばすためには欠かせません。

地域の学校に呼びかけて公開する機会も年に一回は持つべきです。広く意見を求めるというねらいもありますが、一つの学校の研究成果が地域全体のレベルを押し上げる効果があるからです。

ただ各地で行われている批評会や分科会の様子をみていると、型にはまった会話が多く、熱っぽい議論がみられないのです。儀礼的なほめ言葉は少なくして、一方がポイントを突いた意見を述べ、他方がそれに根拠を明確にして反論するという場に変えてほしいと思います。

伸びる教師には、理論知と実践知を結びつける力がある

明石附属の研究をリードした及川平治はたいへん勉強した人だったようです。いつも本を四、五冊小脇にかかえて廊下を歩く姿を見かけたという人が多いのです。また職員室の主事の席では、いつも小声で本を読んでおられたようです。

宮城師範を出られただけで、独学でＪ・デューイの教育理論を学ばれ、それを基にして動的教育論を自ら唱えられるまでにはわれわれが想像できないほどの努力があったと思われます。

何が、そうさせたのでしょうか。

当時の教育学はドイツの観念論的な哲学が中心であり、現実の教育には不向きな理論でした。その状況を見て、小学校で教えた経験のある及川氏が現実主義の教育理論を唱えるデューイにひかれたのは当然のなりゆきです。なんとしても、学校の教育を子どものために改革したいという想いが強くなったのではないでしょうか。

この例から分かるように、現状に満足することなく、改革しようという熱意がなければ、理論知を求めようとはしないものです。授業研究においても、常態化したやり方に満足している場合は理論知を必要とすることはないといえます。

現状に満足している教師は、実際の授業に関心がないか、または子どもの姿を見ようとしていないのではないでしょうか。現実を直視し、その問題点を解決しようとすれば、なにかを追究したくなるものです。まずは、現実をしっかり見て考えてほしいのです。その洞察眼があれば、さらに理論的に考えるために本を読もうとするでしょう。

しかしこのように提案するだけでは理論知を求める教師が増えるとはかぎりません。それは、しばしば教師から現実の問題点を解決してくれる理論知が見当たらないという指摘がされているからです。特に、学者の唱える説は役に立たないという声をしばしば耳にしていますので、この指摘については十分検討しておく必要があります。

まず、理論を提案する学者の姿勢が問われます。

学会発表や大学での講義のように、学術用語を使い、理論を詳しく解説するような話をすれば、現場の側から役に立たないと批判されても仕方がないでしょう。話す相手が求めているのは実践に必要な知識ですから、その要求に応えようとする対話の姿勢で話すべきです。

その姿勢の一つとして、理論の中から役立つものを選んで語りかけることです。すべてを完璧に説明する必要はありません。理論の特徴を捉えた上で、「これはどうでしょう」と問いかけることです。及川の講義の締めくくりは、いつも「今紹介した点を問題として、お互いに研究しましょう」の一語であったということです。この一語からも及川は対話を通して理論を広めようとしたことが分かります。

また姿勢だけでなく使う言葉も選んで用いるべきです。学術的な用語をそのまま使うと拒絶されてしまいます。特に外国語を多用するのは禁物です。

教育の現場では独特の教育用語が昔から発達してきています。今日、よく使われる「気づき」という言葉もその一例です。私は学校現場で話すときには、心理学用語をできるだけ教育用語に変えるように努めています。単に翻訳するだけでなく、使われている教育用語には教師の想いや問題意識が込められていますから、それをしっかり理解していなければなりません。

さらに、理論知を求める現場の側にも問題があると思います。

右から左へと直接役に立つような知恵が書物に書かれているわけではありません。それを読む教師自身が、自らの体験で培った鋭い洞察力によって主体的に解釈すべきです。

私の父は小学校の教師だったのですが、書棚の中にあった篠原助市著の『理論的教育学』という分厚い本を、亡くなってから手にして驚いたのです。昭和四年刊ですから文語体で書かれた抽象論の多い本ですが、余白には自分の言葉で書きかえ、自分の意見も入れて綿々と書き綴っていたのです。この本は宝物として、今も私の本棚に残しています。

学者や識者の話を聞くときも同じです。自らの体験に結びつけて理解し、役立つ情報を選択するとともに、自己流に解釈し直すことが大切です。研究会に参加すると、私の講演を後で要約して送ってくださることがあります。それを読んで「なるほど、このように言えばよいのか」と感心することがありますが、それは解釈し直しておられるからです。

定年後に関わった学校には、大阪教育大の附属池田中、黒部市の鷹施中、京都市の下京渉成小の三校があります。どの学校でも、研究推進の中心的役割を果たしている先生は、私の話を解釈し直して現場に合う言葉に変えるのが上手でした。公開研究発表会でその先生の説明を聞いていると、理論知をうまく実践知につないでくださっていることがよく分かりました。

理論知を実践知につなぐためには、学者や識者の側と学校現場の教師の側で、それぞれがつなぐための努力をしなければなりません。授業研究会はそのための場であり、互いに相手の考え方に理解を示し、その考え方と自分の考えを突き合わせて自分の考えを再構築するという構えで交流すべきです。

職員会議は授業の話で花ざかりの学校

授業研究会を計画しても、その時間を確保するのがむずかしいという声を聞きます。また教師の仕事が多岐にわたり、授業だけに集中できないという声もあります。

これらの声を聞くと、学校そのものを変えないかぎり、授業研究会を盛んにすることができないのではないかと思います。

はたして変えることができるのでしょうか。

教育新聞（平成23年2月3日刊）によると、東京都東村山市の大岱（おんた）小では、このむずかしい問題に挑戦して成功していることがよく分かります。

大岱小では、職員会議や教務部会などの会議を廃止しています。そのかわり一人一役制の校務分掌を決め、これまで会議を持って決めていたことを一人の教師が起案し、主任や主幹を経て校長の決裁を受けるというシステムに変えたのです。これだけでも会議を減らし、時間の余裕を産み出すことができます。

授業研究の進め方でも工夫がなされ、校内研修で問題点が明らかになると、問題意識が残っているうちに改善策を話し合って決めるようです。多くの学校ではその年の実施をふり返って年度末に新しい計画を立てるための職員会議を開くのですが、その必要がなくなったのです。

これらによって産み出された時間を授業時数の増加にあて、年間で一〇三時間から一五六時間も標準を上回ったとのことです。授業時数が増えると、学力も向上し、国の調査では国語と算数のA、Bともに都の平均を2・4点から13・1点も上回ったと報じています。

どの学校でも諸々の会議が多く、そのために多くの時間と労力を費やしています。PTAや地域の会議を含めると相当な時間を奪われているので、会議を減らすのが最も実効のある改革でしょう。学校行事の見直しも含めて、大胆な改革を行い、授業研究会のための時間を捻出してほしいものです。

しかし最も根本的な問題は、学校という職場環境の雰囲気をがらりと変えることができるかどうかです。

学校とは本来教えるところであり、教師とは教える人なのです。だから学校という職場は、主たる教える活動としての授業を中心に運営されるべきです。そのため全員が集まる職員会議は授業の話が中心になってしかるべきではないかと思います。

昔の実践例ではないかと言われるかもしれませんが、奈良女高師附属小の職員会議（職員会と呼んだ）は日常的な研究の場であり、授業の話が盛んに交わされたとのことです。事務的な内容は最小限にして、教育実践に関する論議を充実させるのが主事の木下竹次の方針であったといわれています。

それだけでなく木下氏は自由に読書することをすすめ、校外の講演会や映画を見る機会もつくっています。視野を広げることがねらいだったと思いますが、それによって多角的に教育を論じる力がついたのではないでしょうか。

今日の学校でも改革しようと思えば、教師の意識改革から手をつけるべきです。どの学校へ赴任してもよく似た雰囲気であり、やる気を持って着任した若い教師が失望したという話をよく聞くことがあります。教える力を身につけて一人前の教師になりたいという願いが、学校の雰囲気によって消されてしまったからです。

若い教師を失望させないためには、教えるという仕事に関する情報が充満した学校に変えることです。その環境に入れば授業についての対話が日常的に行われ、知的な刺激を受けるので若い教師の目が輝き、成長していく姿がみられるでしょう。

また校長や行政の立場から、古い慣習にとらわれず、大胆な試みを実行してほしいものです。東村山市の大岱小は、どこにでも存在する公立校です。研究推進校にはこのような学校が多く、指定を受けて取り組んだことによってみごとに古い体制から脱皮した学校がありま す。校長に自由な裁量を与え、大胆な改革をリードしてもらうように行政側から支援すべきです。

「学校は教えるところであり、教師は教える人である」という単純明快な原則を貫く学校に変われば、授業に関する対話が盛んになり、教師は生き生きと働き、子どもは目を輝かせて学ぶことでしょう。

第2章　子どもの意欲は指導技術と学習環境で伸びる

学習意欲は課題関与の導き方で決まる

子どもたちが授業に集中することなく、私語や横見をしていると、教師の焦りは募ります。なんとかして集中させたいと考え、子どもの興味をひきそうな話題を挿入したり、ゲームのような課題に切り替えることがあります。

しかしこのような策も、何回か使っているうちに効果がみられなくなり、途方に暮れ、ついには叱ったり、競争させてお尻をたたくという手段に頼ることもあります。

一時的ではなく、永く続く学習意欲を引き出すにはどういう点に着目すればよいのでしょうか。

仕事をする大人の場合であれば、仕事そのものに深く関与すれば勤労意欲が高くなります。同じように、勉強する子どもは学習課題に深く関与すれば学習意欲が高くなるといえます。

外からみるとほとんど違いがないようにみえても、右に述べた課題関与型の学習意欲は、

「ほめてほしい」とか「みんなから認められたい」という他律的な動機で学ぼうとする他律型の学習意欲とは質がまったく異なります。

「良い成績をとりたい」「他人に負けたくない」という競争的な動機も、次の項で取り上げる自己実現型の場合もありますが、競争心が強くなりすぎると他律型の学習意欲とよく似た質のものになります。

授業においては、課題関与型の意欲を育てるのが最も有効であると考えます。特に、第4章以降で述べる対話力を生かす授業においてはこの種の意欲が育たないかぎり、その成果が現れないのではないかと思います。

このように主張するのは、次に述べる理由があることと、それに関連した指導技術を具体的に示すことができるからです。

第一のポイントは、成績を気にして勉強する成績志向の意欲と、学習課題が魅力的で価値があるから勉強する課題志向の意欲を比べると、機械的に暗記するような場合は差が出ませんが、深く考えて学ばなければならない場合には後者の課題志向の方が優れることです。それは課題志向では、学習課題そのものに集中して学ぶことができるからです。それに比べ、成績志向が強くなると、取り組んでいる課題よりも自分の成績に気を奪われるため、学習に集中して深く考えられなくなるのです。

もちろん成績志向と課題志向のどちらかに明確に二分されるものではなく、一方が他方より相対的に強いというだけです。それでもこのような違いが現れることが心理学の実験で証明されています。

それでは学習課題に関与するように促す手だてがあるのでしょうか。

なんらかの妙案があるのではと期待されては困るのですが、これまでの授業でも試みられた指導技術を再発掘すればよいと思います。

一つの技術は、課題が学ぶに値するものと実感させるために、子どもの身近なことがらと結びつけて提起することです。

第5章で取り上げる社会科の武家政治の学習であれば、源頼朝といっても遠い昔の人であり、自分とは関係がないと思っている子どもが多いことでしょう。これが歴史教材で指導する場合の大きな壁になります。

そこで、当時の武士たちが食べていた食材を調べたり、住んでいた家の様子を知らせ、その質素な生活を自分たちの豊かさと比べて考えさせます。また同時に、武士は重い武具をつけて戦わなければならないので、体力が勝負を決めることを話して聞かせます。

このような仕掛けができてから、「武士たちは質素な生活をしていても、重い武具を身につけて戦うことができたのはなぜか」という中核的発問を投げかけるのです。

子どもたちは、「自分たちのように栄養たっぷりの食事をしていないのに、どうして体力を保ったのか」「気持ちの持ち方が違うのではないか」「精神力といっても、なぜ戦いを繰り返す必要があったのか」と、それぞれが疑問を持ちます。

このように生活感覚に訴える課題提起も一つの方法ですが、また源義経との仲を説明し、兄弟関係という身近な問題から関与を促す手もあります。

二つ目の技術は、つぎつぎと挑戦したくなるように関連する課題を与え、追究して学び続けるように仕向けることです。

課題関与型の意欲は学習活動を続けている間に強くなるという特徴があります。やればやるほど止められなくなるという心理は誰でも経験しているように、活動自体が意欲を誘発しているともいえます。ですから、ともかく課題を指示してやらせることです。

さらに、一つの課題をやり終えても、次の新しい課題がつながるように、続いて取り組む場面をつくることです。その結果、課題関与がますます強くなります。

これらの特徴を考えると、一つの課題に集中して長時間取り組めるように、場の設定や時間配分に配慮する必要があります。それだけでなく忍耐強く取り組むことの大切さを説得し、支援するという働きかけも忘れてはならないことです。

さらに、課題と課題をつないで学ぶことができるように教材構成を工夫することも大切です。鎌倉武士の質素な生活から、武士の身分制や武士道などへつなぐことも考えられます。頼朝の義経に対する厳しい仕打ちから、幕府政治や政権者の役割へとつなぎ、さらに織田信長や豊臣秀吉などの政権者の場合と比較するという課題へ発展させることもできます。これらは「知識の構造化」と呼ばれ、第６章で説明しています。

教材構成や学習活動の展開は授業づくりの核であり、単なる技術ではないといえますが、おなじように計画されていても課題関与を促すという配慮がなされるかどうかで大きく異なります。教師の励ましや支援、関連する情報の提供などがその配慮であり、これらは指導技術であるといえます。

また教材や活動だけでなく、言葉の役割が大きいのです。励ましや支援も言葉が使われますが、より積極的に課題関与を促す言葉が求められます。子どもの関心や考え方を問答によって打診しながら、学ばせたい課題の魅力や価値を力強く説得することが大切です。

自分の側から発信することを遠慮し、子どもからの発言を待っている教師が多くなりましたが、そのために子どもは何が学ぶに値することなのが分からなくなっているのではないでしょうか。学ぶべきことを明確に指示し、その課題がいかに大切であるかを子どもの心に響く言葉で説得してほしいと思います。

自己防衛よりも自己実現の構えを引き出す

課題に深く関与することが意欲を引き出す鍵になるとしても、長期にわたって学習を続けていると、自らの能力を意識しはじめることでしょう。そしてこの意識の持ち方によって意欲に大きな違いが生じることがあります。

この自己意識の持ち方には二つのタイプがあります。

一つは、自己防衛の意識が強いタイプです。例えば、テストの成績が振るわないことが続くと、自分はダメな人間であり、他人からいつも見くだされているように感じる子がいます。この劣等感が強くなると、それを隠すためにいろいろな自己防衛的なメカニズムが働きます。最も多いのは自分の能力が分かるような場面を避ける逃避のメカニズムです。教室の中でも知的能力の優劣がはっきり現れる教科の時間は沈黙を守り、できるだけ目立たないようにふるまうのがその一つの例です。

またむずかしい問題に挑戦することを避け、誰でも解けるやさしい問題ばかりを手がけます。安全な場に自分をおくことによってプライドが傷つかないようにしているのです。

さらに偽装工作を行うこともあります。第8章で紹介するクラスの人気者を演じた男の子もその例です。本心は勉強ができないためにひどく落ち込んでいるのですが、それを隠すために人気取りの演技をしていたのです。

このように、自分を防衛しようという意識が強くなりすぎると、努力して学習しようという意欲は育ちません。失敗すれば、誰でも多少はこの意識を持つものですが、自己防衛に傾かない子は気持ちの持ち方を切り替えて再び挑戦しようとするものです。

このように自己防衛タイプの子どもには、なんとかして成功できる学習場面を用意することです。少しやさしい問題を与えるとか、ヒントや補助的資料を与えて取り組ませることによって達成感を持たせることです。これらは前述の課題関与型の意欲へと切り替えるための対策です。

二つ目は、自己実現の意識が強いタイプです。

例えばテストの成績が悪くても、落ち込むことなく、再挑戦しようと前向きに構える子がいます。失敗したことは認めるのですが、それが自己卑下につながるのではなく、自己をさらに向上させようとする自己実現型の契機になる点が第一のタイプとの違いです。

なにがそのような構えをとらせるのでしょうか。

良い成績の子どもの中にも自己防衛型の子と自己実現型の子がいます。前者の子どもは、成績の順位とか他人の目に敏感な子です。そのため少しでも成績が下がるとひどく落ち込み、自己防衛的な構えをとります。他方、後者の子どもはテスト問題や学習分野をふり返り、何が苦手で何が得意かを考え、これから進むべき道を探し求めようとします。

すなわち、自分に目が向くか、課題に目が向くかの違いが一つのポイントです。もう一つは、自分に目が向くとしても、過去の自分にこだわるか、今後の自分に目を向けるかの違いです。課題に目を向ける課題関与型と、今後の自分に目を向ける自己実現型が望ましいといえます。

単に「がんばっているから、よろしい」と子どもの実態を捉えるのではなく、意欲のこのような質的な違いに注目してほしいものです。それには教師の観察眼だけでは見落とすことがあるので、第8章で紹介するSETという心理検査を役立ててください。その検査を使うと、課題関与や自己実現の意欲が育っているかどうかがわかります。

指導法としては、授業の中での配慮だけでなく、評価結果を子どもにフィードバックする際にも適切な助言を与え、傷つきやすい子どもに対しては自我を支えてやる必要があります。また自己防衛型の意識が強すぎる子については、教師が一人で抱え込まずに、カウンセラーの援助を受けて対応してほしいと思います。

支え合いと切磋琢磨の学習環境が意欲を育てる

「授業づくりは学級づくりから」といわれることがあります。確かに、すばらしい授業はすばらしい学級でみられますのでこの指摘は正しいでしょう。

では、どのような学級を創ればよいのでしょうか。

学級には、生活の場としての学級と、学習の場としての学級という二つの性格があります。子どもにとって学級は家庭に次いで大切な生活の場になっています。しかしそれだけでなく、学級で授業が行われ、子どもはそこで学ぶのですから、生活以上に学習に重みがかかります。

生活の場としては、互いに支え合うあたたかい人間関係をつくることに指導の重点が置かれます。学級活動では、話し合いを軸にして人間関係づくりの指導が行われますが、そこでは規則を守って誰とでも仲良くすることが重視されます。そのため一人一人が自分の考えで行動するよりも、みんなと足並みを揃えて歩むことを優先する傾向があります。

そこで一人一人が違った役割を演じ、それぞれの役割を積極的に遂行することによって学級全体の雰囲気が盛り上がる場をつくりたいものです。

係活動などもその一つです。清掃係や給食係などの役割を果たし、その学級への貢献をみんなが認め合うことによって一人一人が生かされ、学級の中での居場所ができます。異なる活動は異なる能力を必要とするので、どの子も他人に役立つことができ、結果的にすべての子が支え合っていくことができるのです。

校庭の隅でウサギを飼育していた学校で、一人の女の子が毎朝早く登校してウサギの世話をしているのを友だちがみつけ、学級会で報告していました。その女の子は引っ込み思案で無口な子だったのですが、その日を境にして明るく話す活発な子に変わっていったとのことです。この例のように、役割を持たせることが意欲づくりの決め手になります。

他方、学習の場としては、支え合いだけでなく、切磋琢磨する人間関係が意欲を育てることを忘れてはなりません。

学級で一緒に勉強していると、友だちの優れた点に気づき、刺激されることがあります。また友だちからの助言によって問題を解くことができたり、共同で作業する楽しさを経験することもあります。

ときには友だちに負けないようにと、競争意識がかき立てられることもありますが、前に述べたように自己防衛ではなく、自己実現の構えをとれば意欲を引き出す契機になります。

これらは切磋琢磨の人間関係であるといえます。排他的な競争ではない点が重要であり、互いに成長することを喜び合うことができる特徴を持ち、競争に負けても相手を称えて拍手することができなければなりません。

支え合いと切磋琢磨の学習の場を構成することができるかどうかも教師の力量次第ということになります。自ら工夫していただきたいのですが、参考になる実践例を二つ紹介しておきます。

一つは、A・L・ブラウンの指導による相互教授法の実践です。数名から十名程度のグループで文章教材をテキストにして読解の仕方を学ぶのですが、一人の子どもがリーダーになって進め、他の子どもとの協同で読解の仕方を対話しながら身につけます。まず全員がテキストを黙って読み、リーダーがその一節を要約して示します。その後で問題になりそうな点を質問の形でリーダーが示し、全員で議論するのです。

教師はリーダーの能力に合わせて援助しますが、あくまでも子どもたちによる協同学習が基本になっています。聞き手役の子どももリーダーの説明の足りないところを補ったり、明確にするための援助的なコメントを行います。またリーダー役も交替しますから、全員が協力しなければ目標を達成できない課題になっています。

もう一つは、Ｅ・アロンソンによるジグソー学習の実践です。例えば、偉大な人物の伝記を六つの段落に分け、六人で構成されたグループの一人ずつが各段落を分担して読みます。ある子は少年時代、他の子は中年期というように異なる段落を担当して読み進むのです。

その後、同じ段落を分担している他のグループの子どもと一緒になって、相談し討論しながら読みを深めます。

しばらくして、子どもたちは再びもとのグループにもどり、自分が担当した段落を互いに教え合います。そして最終的には偉人の全人生についてまとまった知識を学び取ることができるのです。

これら二つの実践に共通している特徴は、一人一人が異なる役割を分担していることです。

自分に与えられた役割を果たすことができると、誰でも達成感を持ちます。この達成感が意欲となって学び続けることができるのです。

第3章　叱責・承認とひたむきな姿が教師の感化力を決める

「まともに向き合って」叱れば心が通じる

教える力としては、教科の指導力が中心になりますが、教育の「育」の部分も含めてこの力を捉える必要があります。教師と子どもが一緒に活動すると、教師から子どもが感化を受けることがあり、それが人を育てるのだといわれてきました。

感化は「心の底をうつ」「魂に触れる」などの体験として人に伝わるものですが、意図的に与えられるものではなく、またその技術を取り出して説明できるというものでもありません。極めて複雑であり、デリケートなものです。

しかし偶発的に生じることであるとしても、教師の姿勢が問われる場面では感化力がどう伝わっているかをよく考える必要があります。

その一つの場面が「叱る」という場面です。

叱るときは、教師も子どもも感情が高まっており、教師のひと言が子どもの心の奥深くまで届き、ときには改心し、ときには傷つくことがあります。改心することによってよりよい成長につながればよいのですが、傷つき自暴自棄になったり反抗的になっては困ります。もちろん教育的な感化の中には、一時的に自暴自棄や反抗を示しても、後に子どもが改心したり、自分の生き方を方向づけたりすることも含まれています。長い目で見て、良い影響があれば、叱ることによる感化力はプラスに働いたといえます。

即時的と長期的の両面から叱り方を問題にすべきですが、どちらであっても教師が子どもとまともに向き合って叱ることが大切です。子どもを一つの人格を持った存在だと考え、その子のすべてを受け容れて対決するという姿勢を、ここでは「まともに向き合う」と表現しているのです。

まともに向き合う叱り方の第一条件は、目をそらさずに、その場で悪い行為を明確に指摘して叱ることです。見て見ぬふりをするとか、軽いジョークでごまかしたり皮肉を言うのは子どもの存在を認めていないと受けとられます。悪いことは悪いときっぱりと叱ることが大切です。

近ごろは親も先生も叱らなくなったといわれています。それは叱ることがマイナスに働くことを恐れているためではないでしょうか。または良い親、良い先生と子どもから評価してほしいという下心があるためかもしれません。

悪いことをすると、子どももそれに気づき、親や先生がどう出るかを注目しています。ですから無視されるのが最も腹の立つことなのです。カウンセリングの場で、「叱ってほしかった」と過去をふり返って語る子どもがいますが、これが本心なのです。

ただし、事実誤認だけは絶対にしてはなりません。少しでも誤解があると、先生に対する信頼がくずれてしまいます。しっかり確認してから叱ってほしいものです。

第二条件は、事実を指摘して叱ってから、ひと呼吸して次の叱り方を熟考することです。叱るときは感情的になりますから、冷静な判断ができません。ひと呼吸するだけでも冷静になりますが、それでもむずかしい場合は後で時間を別にとって叱ることです。

その間にどう熟考すればよいかが問われますが、子どもに何を期待するのか、これからどのようにふるまってほしいのかを頭の中で整理することが大切です。

「これから気をつけて」と言うだけでは、子どもはその場逃れのため「ハイ」と言うだけにとどまります。子どもの心に響く叱り言葉を用意しなければならないのです。

子どもの心に響くためには、子どもに対する教師の期待が伝わる叱り言葉がほしいのです。その子の様子をふり返ってみて、見込みのある点や良い点をみつけ、教師が期待していることを素直に話すと、子どもは自分も認められていることを実感できます。

「二つ叱って、三つほめよ」という言葉がありますが、自分を認め、期待してくれる人でなければ、叱ってもそれがプラスに作用しないことを言い表しています。

教室の中での承認が子どもの居場所をつくる

教室の中の子どもにとって、先生は特別な存在です。親に対するような気持ちもあって複雑ですが、なんといっても正しいことを教えてくれる権威者なのです。だから先生の言葉や行動に注目して授業に臨んでいます。

最も注目しているのが、自分が努力したことを先生が認めてくれるかどうかという点です。努力を放棄したり悪いことをしたときには叱ってほしいのですが、少しでもがんばったときには認めてほしいのが子どもの本音です。

小学校の低学年の教室に入ると、子どもたちが「先生」「先生」と元気よく手を挙げて呼びかけていることがあります。全員に対応するのはむずかしいけれども、一人一人に顔を向けてうなずくだけでも子どもたちは満足します。

ある小学校二年の国語の時間に、挙手もできず下を向いたままの子どもがいました。経験豊富なベテラン先生は本を朗読しながらその子に近づき、肩を抱えるようにしてにっこりと微笑みかけていました。するとその子は先生に目を向け、授業に集中するようになったのです。

小学校でも中・高学年になると、できる子か遅れがちの子かという自己認識を持っています。

挙手して指名されるのはできる子であり、遅れがちな子は疎外感を持っていますから、特に承認への欲求が強いことを忘れてはなりません。

ある小学校の五年生の教室で、授業の後で子どもたちにインタビューしたことがあります。ある子が「先生は前から順番にあてていたのに、自分だけ飛ばしてしまった」と不満そうな顔つきで話してくれました。その場面を私は気にとめていなかったのですが、本人は大きなショックを受けていたことが分かり、どの子にも承認を与えることが大切なことを痛感しました。

実習生の指導のために、他の小学校を訪れたときのことです。算数の問題を出して子どもたちの答えを聞き出すために、実習生は挙手した子をつぎつぎと順に指名している場面に出会いました。

問題がむずかしかったためか、どの子も間違ったり、言い淀んでいたのですが、実習生はなんとしても正解にたどりつこうとして指名を重ねていました。正しく答えることができないことが分かると、すぐに「ほかに」と言って、他の子を指名することを繰り返していたのです。すると誤答した子は無視されたと思い、下を向いて無口になり、授業の最後まで集中することはなかったのです。

中学生になると、教師の表情や指名だけでは承認されたと実感しません。教師に対する批判的な目や反抗的な構えを持つ子が増えるので、小学生と同じような対応の仕方ではうまくいきません。

私が旧制の中学校に通っていたとき、風変わりな化学の先生の研究室で実験の手伝いをしていました。職員会議にも出ないで実験に熱中しておられる姿にひかれていたので、声がかかると喜んで研究室に出入りしていたのです。

あるとき先生が私の背後から「コツコツとやるね。研究者に向いているよ」と小声でささやかれたことがありました。この言葉が妙に私の心に残り、その後の生き方に影響を与えたのではないかと、今になって述懐しています。

この例のように、尊敬する先生や好きな先生からのほめ言葉は素直に受けとりますが、その逆の気持ちを抱いている先生の場合はそのようにうまくいきません。ほめ言葉であっても皮肉を言われたと感じ、反発を強めることもあります。思春期特有の敏感な感受性による心理ですから、教師側が気をつけるよりほかありません。

ひたむきに努力する姿が感化をもたらす

表情、指名、言葉による承認のケースを紹介してきましたが、いずれも瞬間的な教師と子どもの出会いにすぎません。意図的ないし計画的に取り組むことができない指導技術であり、平素からの心構えとして対応するよりほかないでしょう。

意図的に対応してほしいのは、この本で述べる授業の改革に熱心に取り組む姿を子どもに見せることです。「先生は私たちのためにがんばっているんだ」と気づけば、先生の姿が自分たちへのメッセージとなるのです。

東北地方の小学校の一年生の教室で、ベランダの木箱に土を入れ、稲の種を蒔き、毎朝水をかけている先生がいました。無口な先生で説明していなかったのですが、「先生が稲の苗を育てて、生活の時間に田植えをするらしい」と子どもたちの中でうわさが広がり、大喜びでした。

中部地方の小学校五年の算数の時間に、図形の面積の求め方を自作の補助教材を何枚も黒板にはりつけて説明した先生がいました。あまりにも枚数が多いので、子どもの側から「先生、ご苦労さん。もういいよ、よく分かったよ」という声が出ました。そして、どの子も熱心に学んでいました。

これらの例から分かるように、子どもは教師の行為に注目し、そこから教師のメッセージを感知しているのです。創意工夫し、熱心に教えようとする行為から子どもが感じ取る教師からの期待や承認が最も大切な感化を与えるのです。

昔は、学校の先生は偉い人であると言い聞かされて子どもは育ちました。そのため教師の権威が大きな力となって、子どもを正しく導くことができたのです。

しかし、今の社会ではそのような権威が通用しなくなったために、子どもが先生の指示に従わず、叱っても効果がなくなったといえます。

そこで、偉い人という人格性を強調するだけでなく、この道に関しては誰にも負けないという専門性を重視した方がよいのではないかと考えます。

右に述べた二人の先生は、教えるという専門分野において人一倍努力して仕事に取り組んでおられるといえます。そしてその姿を子どもたちは直接見ているのです。

専門分野で秀でていることを説明しても、子どもにはよく分かりません。教え・学ぶという直接体験を通して感知してこそ、子どもが実感するものです。

また教化と違って、感化は心の奥深いところで、受け手の側が自ら創り出すものであるともいえるのではないかと考えます。

「私の父の面影については何も覚えていません。しかし長じるにおよんで周囲の人々から父についてのいろいろな話を耳にし、父という人物のいろいろな側面を聞き知るにつれて父のイメージが心の中にしみ入り、やがては夢にまで見るようになりました」という話を聞かせてくれた人がいました。これは周囲の人々の話からという間接体験による感化ですが、心の中に生き方のモデルとしての父を創り出していますから、直接体験と同じか、またはそれ以上に大きな感化力を持ったといえます。

親と子の間でも、教師と子どもの間でも、このような感化が成立してはじめて教師という仕事は実を結ぶのではないでしょうか。子ども自身が直接的な見聞や他者からの話を通して、モデルとしての父、モデルとしての教師を心の中で創り上げることができるかどうかが感化力の決め手になっているといえます。

第4章　教師の対話力によって授業が見違えるように変わる

子どもたちの目の輝きから、教える力が分かる

授業の冒頭で、教師が元気のよい声で呼びかけると、子どもたちは一斉に教師に注目し、ひきしまった表情に変わりました。

しかし授業が進むにつれて、注意が授業からそれて悪ふざけをする子が増えていきました。それは教師の話が子どもをひきつける力を失ったからです。初めの元気のよい呼びかけから、散漫なまとまりのない説明に移っていったのです。

このような場面に出会うと、子どもたちは教師の教える力に敏感に反応していることがよく分かります。また、教える力の中で話し方が大きな比重を持ち、ひきつける話ができるかどうかで子どもの表情までもがらりと変わってしまうのです。

表情の中でも目の輝きが授業に集中しているかどうかをよく表しており、教える力を判断するには最も良い目安になります。

私は教室の前方の入口から授業を見ることが多いのですが、それは子どもたちの目の輝きをチェックするためです。

○授業のオリエンテーションとなる導入の場面
○重要なポイントを問う中核的発問の場面
○調査、実験・観察などの作業の場面
○小グループで話し合う場面
○級友の発表を聞き、意見を述べる場面　など

これらの場面ごとに何パーセント位の子どもが目を輝かせているかを瞬時に見取るのです。「おおよそ70％以上」という基準に達する場面が少なくとも五つ以上あれば合格です。

授業中にこのようなチェックを行い、授業後に行われる批評会に出ておりますが、子どもの目の輝きから私が下した判断と参会者の多くの方々の批評がよく一致するのです。目の輝きを物理的に測定したわけではありませんから、主観的であると批判されるかもしれません。しかし大人とは違って、子どもの表情には内面が正直に出てくるので、ほぼ間違うことはありません。

およそ30年前からこのような授業観察をしてきましたが、間違いなく「合格」といえる授業が昔に比べて少なくなってきたのではないかと心配しています。

もちろんこれはおおまかな傾向にすぎません。授業研究に熱心に取り組んでいる学校とそうでない学校では大きく異なりますし、同じ学校の中でも先生の教える力次第で大きな差があります。

目を輝かせるのは、教師の対話力ではないか

目が輝くのは真剣に考えたり、心から感動した時です。教師が子どもの思考や感情をゆさぶるくらい学習に集中させることができるかどうかにかかっています。

授業の組み立て方や教材の良し悪しなども大切ですが、子どもの目を輝かせるのには教師の話し方、特に対話力が決め手になっているようです。先に例示した五つの場面が設定されても、子どもの思考や感情に食い込む対話がなければ、子どもたちの目は輝きません。

正しい発音で淀みなく話す力は抜群に優れていても、子どもの立場に立ち、子どもからの問いを意識しながら話すという対話力を持たない教師の授業はどこかチグハグであり、子どもたちは学習に集中していません。

正しく情報を伝達することも大切ですが、聞き手の疑問や感情を予想して、話し方や話の内容を柔軟に変えるのが対話の最も重要な条件なのです。

わが国の学校の歴史の中で「名教師は…」と問われると、多くの人が芦田恵之助の名を挙

げることでしょう。東京高師附属小学校の教師を五十三歳で辞めてから、七十九歳で亡くなられるまで、全国を回ってとび入り授業をされたことで有名でした。

長野市の城山小学校での授業記録をみると、「わたしは、びっくりするほどの年寄りでしょう。わたしだって、みなさんくらいの時もあったのよ。（ちょっと子どもの緊張がほぐれる）……」といった調子でその日の授業の導入に約４分間が当てられています。この短時間で初対面の子どもたちと対話するための地ならしができているのです。初めて出会う年老いた教師を身近な存在として受けとめさせることができているからです。

そして一方的なオシャベリではなく、子どもの表情を確かめながら話し、短い問答をはさみながらも、伝えたいこと、教えたいことはきちんと説明されるのが芦田流でした。

この授業は「よい文とはどのようなものか」を、子どもの作文を材料にして教える授業でした。大人の言葉を真似しないで、自分の考えを自分の言葉で表現することが大切だということを切々と説いていきます。それは、いっけん一方的な説明のように見えますが、実はそうではないのです。

導入は短時間でしたが、事前に子どもたち一人一人の作文を読んで授業に臨んでいたのです。「なにを知りたいか、ちゃんとめいめいの顔に出ているではありませんか」という芦田のコメントに現れているように、子どもの思考の動きをしっかりと見通した上で説明を続けていたのです。

「子どもたちは、先生の口から次の言葉がどうでるかを異常な緊張を持って待っていたようである」というこの授業の記録者のコメントが残されています。ここからも目を輝かせている子どもの姿が目に浮かぶようですが、子どもの心をひきつける対話力が芦田流の授業を支えていたのです。

ともに学ぶ者という姿勢が対話を産む

芦田恵之助のような熟達した教師でなければ、先に述べたみごとな対話を行うことかできないのでしょうか。

けっしてそうではありません。経験の少ない若い教師には洗練された対話の技術は身についていないと思われますが、それを補う有力な武器があります。それは「若さ」です。子どもにより近い位置に立って指導できるので対話が成立しやすいのです。

若い教師が担任になりますと、子どもたちの表情が一変することがあります。そして生き生きとした表情で教師の言葉や動きに注目します。その時、子どもたちの目線に合わせて言葉かけをすれば、気持ちの通じ合う対話になるのです。

しかし、友だちそっくりの話し方になっては困ります。半分は友だち同士のような関係であるともいえますが、子どもにとって教師はどんなに若くても「先生」であってほしいのです。ですから、友だちのような言葉づかいで語りかける教師には、初めの間は子どもたちが近づきますが、すぐに離れていきます。

友だち同士のような関係というよりも、ともに学ぶ者同士の関係を持ち続けるべきです。「準備不足だったなあ、次はしっかり教材研究をしよう」「うまく説明できないが、分かったかね」「また失敗してしまった。ごめんね」といった語り口調が子どもたちの共感を呼ぶことがあります。それは「先生もがんばっているんだ」「先生も勉強しているんだ」という見方につながり、ともに学ぶ者同士の関係を築きます。

ずっと以前に、上海市の華東師範大学の鐘啓泉教授から「教学相長」という言葉を聞いたことがあります。教える者も学ぶ者であって、ともに成長する間柄であるという意味ですが、中国の教授学にはこの考え方が根づいているとのことでした。

永年にわたって教師を続けていますと、マンネリに陥り、教材研究を怠ったり、自分の間違いを認めようとしなくなるものです。その姿勢が子どもとの対話を阻んでいることがあります。ですから、若い教師であっても、熟達した年配の教師であっても、常に学び続けることが必須の条件であり、それを無くしては対話が成り立たないといってもよいでしょう。

対話の中にも厳しさが求められる

対話といっても、教師と子どもは対等の立場に立つわけではありません。ともに学ぶ者という立場は同じであっても、教師には子どもの学びを導くという役割があります。この指導者としての立場を見失っては、いかに話が上手であっても教える力があるとはいえません。

教育における対話について、最も深く考えたのはイスラエルの哲学者M・ブーバーだといわれています。

ブーバーは、相手（子ども）の立場に立ちながらも、自分（教師）の行為や考えをいささかも弱体化させてはならないと言っています。また、相手の中に入り込んでも、なお自分の立場へ引き上げるという弁証法的な姿勢が教師に求められるのが教育での対話であると論じています。

悪いことは悪いと諭し、間違いは間違いであると明確に指摘する――この厳しさを失っては教育は成り立ちません。ですから子どもに話しかけて指導する際には、子どもの思考や感情を十分に汲み取った対話を行う必要がありますが、温かい言葉の中にも右に述べたような厳しさがなくてはなりません。

今、わが国の教育界には「支援」という言葉が広く行きわたり、授業について語るときも、「指導ではなく支援を」といった発言が出ることがあります。その流れの中にあって対話も支援の一つとみなされるかもしれません。

なにが問題であるかは正しく捉えられていても、それを解決するための手段が分からないという子どもには、ヒントを与えたり、関係のある資料を指示するといった支援が有効です。このように、子どもが抱える問題や壁を推察して語りかける支援の言葉は対話であるといえます。

しかし、解決すべき問題を指示したり、解決の正否を評価する言葉も投げかける必要があります。この厳しい言葉が中心となる指導も学習を全体として見れば子どもの側に立った対話であるといえます。それは子どもの抱えている問いをしっかり受けとめた発言になっているからです。

支援の対話と指導の対話が結びつき、互いに他を高め合うことをブーバーは「弁証法的」と言っているのです。この点にこそ教育における対話の本質があるのではないでしょうか。

問答だけが対話ではない

「子どもとの対話を大切に……」といえば、教師が質問し、子どもが答える回数が多くなるかもしれません。その結果として、一問一答式のクイズのような授業になる恐れがあります。軽い発問がつぎつぎと発せられますと、子どもは深く考えることなく、短い思いつきの答えを連発するだけに終わります。このような授業の後では、なにを学んだかさえもはっきりせず、まとまった知識も頭に残りませんし、大切なことを学んだという実感もありません。

子どもが発言する回数が重要なのではありません。子どもの思考や感情をゆさぶり、教科の大切な中身を根底から学びとらせることに重点を置くべきです。

そのためには教師がある程度まとまった話をする必要があります。説明です。授業記録を分析すると、未熟な教師の場合、このまとまった説明がなく、問答だけがだらだらと続くことが多いようです。

説明の中には、実は大切な対話が含まれていなければならないのです。中味の濃い話をしながらも、子どもがどこに疑問を持つのか、子どもの関心や経験とどう関連づけるのかなど、時々刻々に推察して話をまとめるのが対話を含んだ説明です。

情報機器が発達したので、電子黒板などを利用すれば、教師が口頭で話すよりもより効果的に情報を伝達することができます。しかしこのような機器だけでは右に述べたような対話的配慮はまったくできません。

クラスの子どもたちの実態を考慮し、話の途中に身近なエピソードを挿入したり、方言を交えた説明に言い換えてみるといった配慮ができる点が教師の説明のメリットです。

私も学校の先生方に講話をする際には、学校でどのような問題に直面されているか、どのような疑問や反対意見が出るだろうかなどを常に気にかけて話を進めようと心がけています。終了後に、「あそこでこの例を入れたほうが良かったのに……」などと反省することが多いのですが、この積み重ねが対話力の向上に役立っています。

対話の構えでの説明が中心となり、軽い発問や確認の言葉を中にはさみながら授業を展開していきます。その流れの中で山場ともいえる場面が来たときには、子どもたちの思考や感情をゆさぶる重みのある発問を発する必要があります。「中核的発問」です。これは事前によく練り上げておくべきであって、指導案にも書いておいたほうが良いと思います。

小説教材の読解指導で、物語の大詰めの段階が来たとき、主人公がなぜこのような行為に走ったのかを問う発問。理科の実験を指導する中で、仮説に合わない結果が出たのはなぜかと問う発問。これらの中核的発問は子どもの思考をゆさぶり、方向づける決め手になります。対話の構えでの説明と中核的発問の絶妙なタイミングの良い組み合わせが、授業において求められる対話力なのです。

筋を通して説明すれば聞いてくれる

授業設計の段階で、説明や発問を同じように計画していても、話の上手な教師と苦手な教師では実際の授業は大きく異なります。なにが違いをもたらすのでしょうか。それは話の技術ではないかと思います。

声の大きさや話のスピードなども関係しますが、対話の決め手となる技術は次の三つです。

① 話の筋を通す
② 間の取り方を工夫する
③ 相手の発言を受け止める

第一の話の筋を通すことから、その秘訣を探してみましょう。

ストーンと聞き手の心に入る話と、なんとなく違和感があって納得できない話があります。スピーチや講演を聞いたとき、大きな声で力強く話されていても、「なにを言いたいの」と問い返したくなることがあります。それは話が散漫で、筋が通っていないためです。

声の大きさではなく、話の筋を通すことで相手の心に響く対話になるのではないでしょうか。

教室で教師が説明する場合もまったく同じです。後方で参観している者さえも飽きさせるような話が続き、子どもたちもしらけてしまうことがあります。話の筋が通っていないからです。

事前の準備としては、教えたいことを重点的にまとめ直し、しっかりと頭に入れておくことです。内容が多くて、複雑なときには、一つ、二つ…とナンバリングしてメモしておくことも筋を通すのに役立ちます。

かつて聴衆をひきつける演説の名手だった清水幾太郎は『論文の書き方』という本の中で、「書くように話す」修行が大切であると述べています。書くときには相手の姿は見えず、ジェスチュアや表情も交えずに言葉の力だけに頼らなければなりません。ですから自ら言葉は厳選され、内容のつながりや論理もしっかりしてきます。この書き言葉のように、話すときも書くつもりで話せば筋が通るというものです。

しかし、いざ教壇の上に立つと、子どもたちの表情や発言が気になり、準備していた話の筋書きをすっかり忘れて脱線してしまうこともあります。

この脱線にも効用があって、息抜きの時間になったり、内容によっては教師を身近な存在に感じさせることもあります。むずかしい話が続くと、子どもは疲れてしまい、持続して注意を集中できなくなるものです。そのとき、身近な話題や教師の体験談を挿入すると、もう一度子どもたちを対話の土俵にひき戻すことができます。

しかし話の筋を忘れることなく、「この辺りで元の話に戻して……」と切り換える勇気を持たなくてはなりません。脱線に脱線を重ねる教師の授業を参観したことがありますが、後で一人の生徒に感想を求めると、あきれた顔をしていました。

間を取り、相手にも考えさせる

第二の間の取り方はどうすればよいのでしょうか。

話の途中に無言の時間を設けることを「間を取る」といいます。単語と単語の間にも若干の間隔をあけますが、それより大きな間隔を文章と文章の間に設けるのです。

この「間」によって話の区切りが明確になるだけでなく、聞き手がひと息つき、なにを聞いたかふり返り、自分でまとめたり、批判しようとします。話し手からの一方的伝達ではなく、聞き手からの働きかけを誘うチャンスになるのです。

立て板に水を流すように、淀みなく話すのではなく、間を取ることが教師の説明には欠かせません。沈黙の時間をとると、なんだか不安な気持ちになりますが、自信を持って間を取ることです。

「間」を取るのはひと区切りの話が終わったところであり、また子どもたちに考えさせたいところです。だまって、子どもたちの顔を見つめますと、子どもは考えようとし、うなずくとか質問をしようとするでしょう。これが対話なのです。

NHKの「週刊こどもニュース」を担当されていた池上彰さんがテレビでタレントを相手に解説されている様子を見ると、この間の取り方が上手であることがよく分かります。

筋を通した説明を続けた後で、突然沈黙し、聞き手のタレントたちの顔を見つめます。この時の表情はにこやかですが鋭い目つきです。なにかを問いかけられているように思うためか、誰かが挙手をして質問します。

すると「いい質問ですね」と受け言葉を入れ、再び説明を続けていきます。間と聞き手からの働きかけが、立て板に流れる水ではなく、淀みながらもゆっくり流れる大河のような説明へと変えてゆくのです。

右に述べたような問答では、教師からの質問と子どもの返答という形で進む場合が多いでしょう。これを中心とした教え方を問答法といいますが、今日の学校、特に小学校では非常に多く見受けます。

質問するときも間を取って、子どもたちの注意を集めなければなりませんし、また返答を受けたときもじっくり聞くだけの余裕を持たなければなりません。

子どもの発言をしっかり受けとめる

対話のある話の技術として、三つ目に相手の発言の受け止め方が大切です。

発言には前に述べた質問もありますが、最も多いのは応答でしょう。発問→応答の単調な連鎖で授業が展開されることが多くなり、ついついクイズ番組のような授業になってしまいます。

教育実習生とベテラン教師の小学校での授業をペアにして何組かを録音し、教師と子どもの発言のつながりを分析したことがあります。

統計的に処理して分かったことは、実習生は子どもの発言に続いて発問や指示をすることが多く、ベテランは確認や説明が多いという結果でした。

子どもの側に立って考えますと、発問や指示ばかりが続くと外から操られているように感じるのではないでしょうか。誤答しても、どこで勘違いをしているのかを確認したり、あいまいな理解を補う説明をしてもらうと、自分はまともに相手にされていると満足します。実習生のすべてがそうだとは言えませんが、なぜ子どもの発言をしっかり受けとめることができないのでしょうか。

一つには、心にゆとりがないためでしょう。

時間内にこれだけの内容を教えなければならないという考えや、期待どおりに動いてくれない子どもの姿を見て、発問や指示で子どもたちを動かそうというあせりがあるのです。

このような実習生には、私は自分の言葉だけに頼らず、子どもが活動・作業を行う場をつくり、その様子をじっくり観察しなさいと助言することにしています。

二つ目の理由は、発言回数を増やすことが言語活動の充実につながると誤解しているからです。

ベテラン教師であっても、一問一答式のクイズ型の授業になっていることがあります。そして授業後の反省会では多くの子どもが発言したことが良かったという意見がしばしば出されます。

それは最近では、思考力や表現力を育てるために、どの教科でも言語活動を充実させることになっているからです。しかし、クイズ問答のようなバラバラの短い発言をいくら多くさせても思考力や表現力は伸びないのです。後でも説明しますが、ある程度まとまった話や論述させる時間と場を子どもに与える必要があります。

第5章　子どもの強くてしなやかな対話力を育てる

対話の技術だけでは砂上の楼閣になる

最近、わが国の大学においても経済学・法学・医学の授業で現実問題の解決を提起して学生と討論するハーバード方式が話題になっています。これは実践力の育成をねらったものですが、対話を重視した授業としてこれからの改革の方向を示唆しています。

しかしこの方式が深く根づくにはかなり時間がかかるのではないかと思います。それは私の体験から生まれた危惧によるものです。

教育心理学の授業で、今の学校現場の問題をリアルに語り聞かせて問題を提案してから、学んだ心理学を基にして解決策を学生に論じてもらおうと考えたのです。

学生の授業感想では、「今の学校のことが良く分かった」などと好評でしたが、ノートやリポートを見てもしっかりした論述が少なく、自分から批判や意見を述べる力が足りないことが判明したのです。

このような実態から考えると、講義法から討論を主にした授業に切り替えても、期待どおりの対話が成立するとはかぎりません。まず、学生自身の対話力を育てることが先決であるといえます。

大学において、今後、ハーバード方式の授業を増やすことも学生の対話力の育成に役立つことでしょう。しかしそれだけでは不十分であって、小学校の段階から学校の授業の中で子どもの対話力の育成に重点を置き、自分の考えを堂々と表現して対話するだけの力を伸ばすべきです。

今、小・中学校で盛んになった言語活動では、小グループ・学級での話し合いや、発表・討論の場をどの教科でも多く設けています。しかし思うように活発な対話が成立しませんから、その技術の習得に力点が置かれています。

「相手に分かるように話しましょう」
「目を合わせ、うなずきながら聞きましょう」
「他人の意見と比べて自分の考えを述べましょう」
「根拠や理由を挙げて、自分の意見を述べましょう」
「自分の意見を『どうですか』とみんなに問いかけ、批判を求めましょう」

などの指導がきびしく行われています。これは、話型の指導といわれています。

年少の頃からこのような指導を行い、話し合いの技術を習得させることは大切です。技術が身についておれば、どのような分野に進んでも堂々と話し合うことができると誰もが考えるからです。

しかし、私は一抹の不安を抱いているのです。それは、相手と対等に話すには、知識や経験の中から「自分ならでは」という考え方をつくり上げる知力がなければならないからです。技術だけに頼る教育は砂上の楼閣になる恐れがあります。

また英語の授業では、コミュニケーション力に重点が置かれるようになりました。簡単な会話を行う力をつけることがねらいですが、それだけで異なる文化の人々と対等に論じ合う力が身につくとは思われません。文化や思想が違うと、日常の会話をスムーズに行うだけでなく、自分の考え方を的確に表明し、相手の立場を理解するだけの知的な基盤となる力を持っていなければならないからです。

自分の考えを練り上げる場を設ける

では、その知的な基盤となる力とはなんでしょうか。

外国の人々と一緒に仕事をしたことのある方は経験があると思いますが、初めて会ったときでも、いきなり「あなたはなにができるのですか」とか、「あなたの考えはどうですか」

と問いかけられ、面食らったことがあるでしょう。

そのような問いかけは相手を理解するためのものであって、仕事の内容や考え方を知る必要があるからです。はっきりと言われなくても、おのずから分かるという親しい間柄での会話とは異なり、相手にも分かる筋の通った話し言葉で語り、自分の考えを訴えるという力強い対話が求められるのです。

このような国際化が進む社会を見通すならば、子どもの時代から自分の考えをつくり、堂々と主張し、さらには他人の考えを取り入れて自分の考えを発展させる力を養っておくべきです。

わが国の授業では、教師が一から十まで教え込んでしまう傾向があります。また子ども同士の話し合いが重視されても、他人の意見に同調するのが良いことだと思い込んでいる子が多く、自分を外に出さない傾向が強いといえます。そのため自分で考え、自分の考えを表現する力が弱くなったのです。

授業の仕方や組み立てを変えなければ、この弱点を克服することはできません。一つには、まず初めに自分で考えさせる場を設けるべきです。国語での初発の感想や、理科で実験を計画する前の自由な試行活動のように、間違っていてもよいから、自分で考え、試みさせることから授業を始めるのです。

自分で考えることから学習を始めるのだということを教えなければなりません。自己学習から入り、その後で集団での学習を通して自分の考えを練り上げるという授業の組み立て方へ変える必要があります。

また話し合い活動を取り入れるとしても、まず初めに自分の考えをつくってからグループでの話し合いに入るように授業を組み立ててほしい。ワークシートに初めの自分の考えを書き、話し合いによってどのように変わったかを再び書かせるのです。このように、自分の考えを練り上げていくプロセスを表現し、記録に残すことが大切になってくるのではないでしょうか。

話し合いや発表・討論を通して、自分の考えを主張する強さも持ってほしいのですが、他の考えや意見を参考にして自分の考えを再検討し、修正するしなやかさも身につけてもらう必要があります。このように、強くてしなやかな対話力があれば、異文化の人々とも協力し合って問題を解決していく力が育つことでしょう。

資料から主体的に読み取る力を育てる

自分の考えといっても、単なる思いつきで自分勝手な考えであっては対話が成立しません。それでは相手から拒否されてしまうからです。

自分の考えの根拠やそう考えた理由をしっかり把握し、自分の考えが正しいことを立証する必要があります。

ところが根拠や理由はいつも簡単に見つかるというものではありません。関連する情報を集め、丹念に検討してはじめて明らかになることが多いのです。

すなわち、対話のための事前準備が必要だといえます。外国で自社製の設備や製品を売る場合にも、このような事前準備に時間をかけています。「どのような性能が優れているか」「他社の競合商品とどこが違うか」「その国の実情に合うかどうか」など、あらゆる角度から検討するためには、多くの資料から読み取りを行う必要があるからです。

企業の中の仕事として、資料からの読み取りを行う場合は自分の立場から必要なもの、役に立つものを主体的に選びます。しかし、学校の教育の一環として読み取りをさせる場合には、そのような読み手の主体性が弱くなってしまいます。

そのため、これまでの学校における読み取り指導では、一字一句も見逃さず正しく理解させることに力点が置かれてきました。それも大切ですが、さらに書き手の考えや主張を読み取り、自分の考えと対照させながらそれを評価したり批判する力も育てるべきです。

また一つの情報だけでなく、多角的に資料を集め、比較検討しながら自分の考えや立場を構築するといった学習も大切になるでしょう。比較してみると矛盾する点や対立した考えなどが明らかになり、それを克服するにはどう考える必要があるのかと再考することになります。

どの教科においてもこのような主体的読み取りの指導に力を注ぐならば、子どもたちの対話にもその影響がみられるようになるでしょう。「根拠や理由を挙げて、自分の意見を述べましょう」と厳しく話型の指導を行わなくても、子どもたちは根拠や理由を話したくなるものです。

言い換えると、前項で述べたことは自己との対話力の育成であり、問う自己と答える自己との厳しい対決を繰り返すことによって対話力の基盤ができるのです。また、この項で述べたことはテキストとの対話であり、書き手や情報の発信者との対話力の育成です。自分の側から主体的に働きかける構えで読んだり、受信することによって対話力のもう一つの基盤ができるのです。

本物の学力の第一条件は、強くてしなやかな対話力である

右に述べたように考えると、対話についての常識を変える必要があるのではないでしょうか。

広辞苑には「向かい合って話すこと。相対して話すこと。二人の人がことばを交わすこと。」と記されていますが、これが常識としての対話であるといえます。

これからの社会で求められる対話はこのような意味づけでは不十分であり、異なる文化や思想の人々と堂々とわたり合うためには、自分の考えをしっかり持ちながらも相手の意見も汲み上げ、根拠や理由を挙げて説得するという強くてしなやかな対話であると意味づける必要があります。

これらの特徴を持つ対話が新しく意味づけされた対話であり、この強くてしなやかな対話力が子どもたちが生きていくのに真に役立つ力であり、本物の学力の第一条件であるといえます。

授業において子どもたちを導く手順（ステージ）としては、まず初めに根拠・理由を明確にするため、あらゆる資料から批判的に読み取った情報を蓄積させる必要があります。次に、その情報から自分の考えをつくることが続き、その上で相手を説得するという順に対話を進めるのが主な手順になります。この手順は、「テキストとの対話」→「自己との対話」→「他者との対話」と表すのがよいのではないかと思います。

もう一つ授業について注文をつけたいことがあります。

それは親しい間柄で交わす会話と、右に述べたような誰に対しても通用する対話を区別する必要があるということです。私的な会話をつづったのでは多くの人を対象にする演劇のシナリオにはならないと平田オリザ氏は述べています。教室の中の話し合いも私的ではなく公的なものですから、友だち同士での会話のような話し方になっては困ります。論理的に話の筋を通し、きちんと話すように導く必要があります。

また、教科の中の用語を使い、教科特有の考え方に従って意見を交わす対話でなければならないのです。それによってはじめて対話が学力づくりに役立つのです。

第６章　中身の濃い授業が、知識をしっかり構造化させる

有名人のとび入り授業から学ぶこと

それぞれの道で成功された有名人が、小・中学校でとび入り授業をされることがあります。科学者、小説家、詩人、画家、作曲家、俳優、スポーツマン、陶芸家など、職業はさまざまですが、なにかひとつ秀でたものを持ち、その点で世間から注目されている人たちです。ですから、どういう授業をされるのかと興味津々であり、テレビでよく見ています。

学校の先生の通常の授業と違っている点の一つ目は、大人が見ていてもひきつけられるような内容を持っていることです。

科学者ならば、自分が手がけた研究のこと、今、どこまで科学が進んでいるかということ、どんな研究がこれから求められるかということなど、包みかくさず、生（なま）のままの内容を子どもたちに語り聞かせます。

作曲家ならば、作曲のコツを分かりやすく教え、子どもにも曲を作らせ、みんなで演奏ま

でさせることがあります。子どもだからといって手抜きすることなく、厳しく指導しているのが印象的でした。

スポーツマンならば、自分の競技の一部を子どもの目の前で実演します。その後でどこが大切なポイントなのかを何回も説明し、子どもの演技について厳しくチェックします。さらには心構えや生き方にまで話が拡がることもあります。

これらに共通していることは、教える中身が本物であり、われわれの社会で価値があるものだという点です。だから大人が見ていてもひきつけられるのでしょう。

学校の先生の授業の中身がにせもので価値がないというわけではありません。教科書は本来、価値のある中身で満たされているはずです。

しかし、教科書の中身はその源となる科学や芸術などのエッセンスを教育内容として加工したものですから、生の味を失っています。そのため「本物だ」「価値がある」という実感がともなわないのです。

そこで、教師は生の味を子どもに感じ取らせるための演出をすべきだと思います。教科書の表面だけをたどるのではなく、その奥にあるものを引き出し、生々しく語り聞かせたり、実物や生の実演を折り混ぜるといった授業の工夫が必要なのです。

二つ目の相違点は、とび入りの有名人が語る言葉や表情には強い信念ややりがいがにじみ出ていることです。

科学者でも、芸術家でも、スポーツマンでも、それぞれの道に一生を賭けているのですから、教える中身がいかに大切なことかという信念を持っています。また、それぞれの道での仕事や生き方がいかに充実し、やりがいのあることかを常日頃から感じています。

その信念ややりがいを直接子どもたちに語っているのです。そのため、通り一辺の説明を聞くのとは違って迫力があり、語り手の世界に引きずり込まれるように感じるのではないでしょうか。

そこで、学校の先生も単なる解説者という姿勢をとるのではなく、自分を前面に出して自らの信念を混えて教えてみてはどうでしょうか。

有名人に比べて専門性は低いかもしれませんが、得意な教科もあり、教材研究を深めることによってかなり高い専門性を持つ先生は多いと思います。そこから生まれた信念を率直に語り聞かせてやってほしいのです。

専門性だけではありません。たとえ不得手な分野であっても、ひとつのことを追究することの大切さ、困難を乗り越えたときの喜びなどを自らの体験を混えて語っていただければ子どもたちの感動を呼ぶことでしょう。

「教科書を教える」から「教科書で教える」へ

「われわれは教科書をもれなく教えなければならないから、有名人のとび入り授業のように自由に教えるわけにはいかない」という反論が出るかもしれません。これは学校の授業のあり方を決める重要なポイントになりますから、ここでしっかり考えてみましょう。

確かに、学校教育法には、教科書の使用が義務づけられていますが、教科書だけを教え、それ以外を教えてはならないというのではありません。学校教育法には、「前項の教科用図書以外のその他の教材で、有益適切なものは、これを使用することができる」と書かれています。

また教科書を完全に消化しなければ、保護者から厳しい突き上げがあることを恐れている教師も多いと予想されます。その場合には、子どもの学びの実態から考えてよりよい教材なのだという説明を繰り返し、学力の向上や成長の証しを提示して納得してもらうぐらいの主体性を発揮してほしいものです。

要するに、教科書は主たる教材であって、それを網羅的に教えなければならないというものではないのです。また、教科書を中心にしながらも、他の教材を自由に選んでもよいのです。

もう一歩踏み込んで考えてみましょう。

教科書の中の教材であっても、その他の教材であっても、その教材で何を教えたいかという教師の教材解釈がしっかりしているならば、有名人のとび入り授業に負けない中身の濃い授業を行うことができます。それは教材を完全に自分のものにしているからです。

例えば、小説教材の読解指導で何を教えるかは、その教材を教師がどのように読み、どのような解釈をしているかに関わっています。指導書に書かれていることをふまえながらも、関連資料を読み、自らの解釈を深めてこそ、自分のものとなった何かを教えることができるのです。

このように「自らの解釈」を強調すると、解釈が多様になり、教材構成が曖昧になってしまうと反論されるかもしれません。確かに多様になると、教師によって子どもの学力に差が生じ、またテストで一つの正答を決めておくこともできないでしょう。

しかしこの多様性は気まぐれや思いつきで生じた多様性ではありません。資料に基づいて解釈し、全体構造をしっかり論理的に把握した上での何かを教えるのですから、曖昧になるとはいえません。むしろ、決められたとおりに、受け売りで教える方が曖昧になるといえます。

また教材解釈が幾通りにも分かれる場合には、一つの正答を決めてテストするのは間違いです。答の根拠や理由までも書かせて、どこまでしっかりした解釈をしているかを評価すべきです。そこでの学力は知識ではなく、解釈や批判などの思考力なのです。

詩、和歌、俳句になればイメージを中心にした思考力が読解の中心になりますから、多様性は増し、子どもの数だけの解釈が成り立つと考えておくべきでしょう。豊かなイメージにまで高めるために、解釈の微妙な違いにも敏感に対応できるだけの教師の解釈力が求められます。そして、教師と子どもとの間の対話によってイメージが研ぎすまされ、文学だけでなく芸術や科学にも役立つイメージ力が育っていくことでしょう。

教科書の通り一辺の説明で終わるのではなく、その中身を練り上げて自分のものにし、自分の言葉で教えることを「教科書で教える」と言い換えてもよいでしょう。

この教え方を徹底的に追究したのが大村はまさんです。教科書を使わない先生といわれることがありますが、けっしてそうではありません。教科書を大事にするからこそ、そのエキスになる部分をより深く理解して学びとらせるために、他の資料を丹念に選んで用いておられるのです。

教材研究に行き詰まると、本屋へ出かけるのだそうです。例えば、詩の学習で子どもたちのイメージを拡げさせるのに、安野光雅の絵本をみつけて帰り、一字も文字の書かれていない絵を見せて感じとったものを言葉で表現させています。すばらしい絵を選んだ点がポイントです。

作文の指導では、川喜田二郎のＫＪ法にヒントを得て、書く内容をよく整理し、構造化してから文章にすることを教えています。文化人類学の研究法が中学生の作文にも役立つという柔軟な発想がポイントです。

　このように一流の芸術家や学者の知恵を借りていますから、先に述べた有名人のとび入り授業に負けない中身の濃い授業ができたのです。文化的・学問的な遺産から学ぶ姿勢、柔軟な発想によって教科書を膨らませ、掘り下げていく構えが、「教科書で教える」ということをここまで高めていったのです。

多くを教えるのか、深いところまで教えるのか

　では、「中身が濃い」とはどういうことなのでしょうか。

　物理的には、一定時間内にどれだけ多くの情報を伝えたかということになりますが、そのように単純に判断することはできません。教える中身はこのような情報の量で測ることができるものではありません。重みのある情報もあれば、軽い情報もあります。つながる情報もあれば、バラバラな情報もあります。深い思考を促す必要のある情報もあれば、単純に理解すればよい情報もあるからです。

　ある程度の量が確保されていなければ、教えてもらったという満足感がともないませんが、それだけでは中身が濃いということにはならないのです。もう一つの尺度は情報の重要性ではないでしょうか。

この原稿の執筆中に東日本大震災が起こりました。毎日、テレビの報道に釘付けになり、つぎつぎと報道される情報によって頭の中が満杯になり、ただ茫然としていました。

半月ほど経過した日に、前にも引用した池上彰氏の解説番組にチャンネルを合わせたのです。すると、他の番組とは違って、視聴者が疑問に思う内容に答える形で番組が進行し、「なぜ、原子炉が危険な状態になったのか」「原子力発電に頼るようになったのはなぜか」「他の電力会社からの電力提供はなぜできないのか」「地震による被害が産業や経済におよぼす影響は」などの疑問に対して的確な回答をしていました。

どの疑問点も考えなければならない重要なポイントです。しかも一つ一つのポイントがつぎつぎと発展的につながり、問題が全体としてよく分かるように、解説が短時間の間に手際よく展開していきました。

学校の授業においても、ある程度の量の情報を用意すべきですが、それが枝葉末節のものであったり、バラバラであってまとまりのないものであっては中身が濃い授業とはいえません。全体の中で重要な内容を重点的に取り上げることです。枝葉末節のことは「教科書に書いてあるので、読んでおきなさい」といった具合に、軽く扱ってよいのです。

この配慮によって浮いた時間を使って、重要な内容を深く突込んで教えるのです。テレビ番組では的確に、短く解説すればよいのですが、授業では時間をかけて学び取らせ、納得と感動を引き出す必要があります。ひと言でいえば、「深く」ということになるでしょう。結局、授業全体としては、ある程度まで多くを教えると同時に、時間の余裕を確保して、深く教えることに重点を置いてほしいものです。

本物の学力の第二条件は、しっかりと構造化された知識である

理科の学習で、尺取り虫が上に登るときは15度の角度で登るのを好むことを子どもが観察によって確かめたとしましょう。これが尺取り虫だけの学習に終わるならば、そこで得たものは一つの断片的な知識にすぎず、それほど重要ではありません。

ところが他の動物についても学び、外の刺激にたいしてとる運動にはそれぞれ固有の傾向があることを学び取ります。それぞれの種の動物が好む明るさ・温度・酸素の濃度などが決まっているためにこのような傾向がみられるのですが、生物学ではこれを「走性」といいます。

この走性を学んだ子どもが、次のような学習に進んだとしましょう。それは同じ山に二種類の昆虫がいるのですが、その雑種が生まれることはないという事実の学習です。そして、その理由が昆虫によって好む酸素の濃度が異なり、濃い酸素の好きな昆虫は山の低いところに住み、うすい酸素の好きな昆虫は山の高いところに住むためであることを知りました。

「これも走性なんだ」という驚きとともに、尺取り虫の話から他の昆虫の生息地や雑種の話にまでつながりができたのです。このようにして新しくつながりを発見したことによって大切なことを学んだという実感が生まれるのです。

実感だけではありません。走性という科学の概念を中心にした知識の体系を学び取り、クイズ番組での知識のように崩壊しやすいものではなく、安定した知識として残ります。

この例はJ・S・ブルーナーが『教育の過程』という本の中で教科の構造という考えを説明するために引用したものです。

教科によっていろいろな構造が考えられます。社会の「工業の発達」という単元では、わが国が明治初期から今日までどのような発展を遂げたかという継時的な構造を学びます。算数の「四角形のなかま」という単元では、平行四辺形という一般から、長方形・ひし形を経て、正方形という特殊に至るまでの論理的な構造を学びます。

教科にはそれぞれ親学問があります。学問として発展してきたのは固有の構造によって理論的な体系化が進んだためです。

ですから教師が教材研究を行うときに、バラバラな素材について小手先の工夫をすることだけに終始していてはなりません。親学問にまで踏み込んでその固有の構造を把握した上で、何をどのように関係づけて教えるべきかを十分に検討しておくことです。

最近の風潮として、役に立つことが重要なんだという考えが一般化しました。そのため現実の生活に直結したことを教えなくてはならないと考える人も増えました。現実から遊離しては学問も成り立たないともいえますから、もっともな考え方かもしれません。

しかし現実だけに目を奪われ、学問を無視したり軽視したりしては教育は成り立ちません。それは永年にわたって練り上げられた構造や体系を学びとることによって子どもたちの知力がいちだんと飛躍するからです。

しっかりと構造化された知識が本物の学力の第二条件になりますが、それはつなぐことによって構造化した知識があれば、そこから新しい発想が生まれ、複雑な問題を解決する力が引き出されるからです。これからの情報化の進展を考えると、情報の洪水に流されることなく、自ら的確に判断するためには、このようにしっかりと構造化された知識が必要なのです。

つながりの中の典型例を重点的に教える

かなり昔の話になりますが、千葉県の東金小学校の「範例方式」という授業が話題になったことがあります。

例えば六年の社会科において、日本の武家時代の特質を学びとらせるために「源頼朝」という典型例（範例という）を取り上げています。鎌倉時代、室町時代、安土桃山時代、江戸時代と続く武家時代の特質を「武力を背景にした政権者が自己中心的に世の中を治めた」と捉え、その政権者の典型例としての源頼朝を時間をかけてしっかりと教えたのです。

そして他の時代の政権者については軽く取り扱い、短い時間でさらりと教える方式が採用されています。鎌倉時代の特質と似ているところを確認させ、違っているところだけを明らかにすればよいのです。

室町時代については、公武一体の地方分権政治であるとか、庶民の自治的まとまりを教えると足ります。安土桃山時代については、政権者の個人的人格による政治や庶民生活の向上を教えます。そして江戸時代については、文治政治の登用や経済力による商人の台頭を教えると違いが明らかになります。このようにして似ている点と違っている点をみつけると、歴史の流れの中で批判的に考える力も身につけることができると考えられました。

この範例方式は一九六〇年ごろから、ドイツで始まった授業づくりです。「ぜい肉はたっぷりあるが、筋肉がない」と皮肉られたように、百科事典的な学力におちいり、本質的な学力の不足に対処するための策として提案されたものでした。

今日のわが国でも事情はまったく変わりません。受験準備教育がそうさせたのかもしれませんが、根本的な原因は科学技術の発展や情報化の促進が背景にあって、教えるべき内容が増え「ぜい肉たっぷり」の知識の量だけを競う教育になっています。

知識の量だけを競うことになると、一回かぎりの使用ですぐに忘れてしまう知識と本質的で重要な知識の区別がつかなくなります。教える側がこの危険性を十分に心得て、内容を精選することが大切です。

精選の必要性は、わが国でもたびたび指摘されてきましたが、最近では学力低下を恐れてその声さえ聞かなくなりました。倉庫に積み上げる物質と、頭の中にインプットする知識は性質が違います。知識は核となるものを中心につながってこそ、いつまでも残り、活用することができるのです。

自ら、つながりを学び取らせる

「構造学習」と呼ばれる国語教育で有名な金井里子氏らによる実践があります。最近出版された『自ら学ぶ子どもたち　学力と心を育む理論と実践』の中から具体例を紹介します。「魚の感覚」（学校図書5年上）という二千五百字程度の説明文の読解指導が次のプロセスを踏んで進められています。

① 軸（本質）をつかむ：文章全体を貫く軸となる内容を読み取り、ノートに書かせます。この場合は「魚はいろいろの感覚を持っている」ということを大まかな洞察によってつかめばよいのです。

②　文の要点を取り出す：「それを取り除くと意味が曖昧になる大切な言葉がある。それを見抜いてみよう」と呼びかけます。「魚には、ふつう、頭の左右に、目がある」という一文を見抜いてサイドラインを引く子もあれば、「ふつうの魚はね、左と右に目があるんだって」と自分の言葉で抜き書きする子もいます。

③　部分のまとまりをつかむ：中心語句となる要点文だけを取り出し、それらを分類してまとまりごとのおおまかなくくりを作ります。「色が分かる感覚がある」「大小・形が分かる感覚がある」などがそのくくりです。

④　文章全体を立体化する：軸を一番上に、その下におおまかなくくり、さらに下に要点文を並べた立体的な図で表します。

⑤　立体図を磨き合う：立体図が文章全体をよく表しているかどうか、子どもたちが互いに検討し合い、磨き合う場を設けています。

この指導を対話という点からみると、①から④までは、テキストとの対話や自己との対話を促す指導であり、⑤は他者との対話をねらったものです。

この構造学習は読解の指導法として実践されたものですが、この指導を受けた子どもたちは「怪物」と言わせるほどの力の持ち主になったようです。小学校六年生の子どもが梅棹忠夫の『知的生産の技術』を読み解き、的確な書き込みや感想文を書いています。また新任の先生を迎えた全校児童の集会で、金井学級の六年生が原稿もなしに堂々と歓迎のあいさつをしたとのことです。

つながりを自ら創り出すことを学び取れば、他の教科においても、日常の知的活動においても役立つ学力が身につくことがよく分かります。

中身の濃い授業は、土台づくりの上に成り立つ

重要な本質的な内容を中心にして個々の内容をつなぐことによって、圧縮された中身の濃い授業になることを述べてきました。

この主張に対して、「それよりも基礎的な知識や技能をしっかり教えることが大切なのではないか」と反論されそうです。

特に最近は、学力向上の成果を目に見える形で外に示さなければ学校が批判される傾向があり、基礎に重点を置いた取組みが多くみられるようになりました。

基礎とは何かという議論に入ると話が長くなるので、ここでは思考・判断・表現といった学力を支える土台となる知識・技能を基礎とみなすことにします。そして、これらの習得を土台づくりの学習として位置づけたいと考えます。

新しい学習指導要領では、思考力・判断力・表現力だけでなく、基礎的な知識・技能も学

力の要素として位置づけています。わが国では、むしろこれらの基礎を重視する傾向が永く続いてきたといえます。

今、ここで中身の濃い授業を強調したとしても、基礎を軽視するものではありません。中身の濃い授業の例として挙げた構造学習においても、立体図がうまく作れない子は言葉の意味が分かっていないことが指摘されており、個別指導で基礎を補うことが大切であるとも述べています。

端的に言えば、土台づくりの学習の上につなぐ学習や活用型の学習が成り立ち、両者は表裏の関係にあるといえましょう。

土台づくりの鍵は、工夫された教材と忍耐強い練習である

○言葉の意味を知る
○文字の読み・書きができる
○計算ができる
○話したり聞いたりがスムーズにできる
○社会事象の基礎的な知識がある
○科学の基礎的な知識がある　など

これらの能力は基礎的な知識・技能の代表的なものです。この他にも小・中学校の学習指導要領にはさまざまな知識や技能がすべての子どもに習得させるべき内容として示されており、基礎的であるといえます。

そして小・中学校の授業の多くの時間がこの基礎的な知識・技能の習得に当てられているのです。

これらのことを視野に入れて考えると、対話力とか中身の濃い授業という主張はやや理想的すぎるのではないかと言われそうです。そのような質的に高い議論をするよりも、地道な教育実践に目を向け、すべての子どもに基礎をしっかり身につけさせる工夫を話題にしてほしいという意見が返ってきそうです。

学校現場での授業研究会では、教材の工夫やその教え方が話題の中心になることが多いようです。また教科教育の研究会では、教科の特質などを論じる学者を横目に見て、現場教師は教材の工夫の実例に関心を向けています。

数え棒や面積図など、算数の教材の工夫は最も盛んに行われたものです。他の教科でも抽象的な内容を分かりやすくするために、半具体物や映像などを利用する工夫も行われています。これらは言語のようなシンボルが使いにくい子どもに対して、動作やイメージを利用して学ばせようという試みであり、理にかなった教え方であるといえます。

これら実践の側から案出された知恵によって、わが国の子どもたちの学力が向上してきたことは間違いありません。応用力が問われるＰＩＳＡでは弱点があっても、基礎学力が試されるＩＥＡの調査では常に世界でトップクラスに入っているのも、わが国の教師が「基礎だけはしっかりと！」と考え、教師がさまざまな工夫をしてきた証しといえます。

そこで土台づくりのためには、まず第一に、教材の工夫に力を入れる必要があるといえます。新しい工夫を自ら考え出すのも、一人一人の教える力を伸ばすことになり、大いにすすめたいと思います。また、先輩たちが工夫してきたものがわが国の教育界には遺産として残されています。その遺産を継承してほしいものです。

ただひとつ注意してほしいのは、小手先の工夫だけに没頭してしまい、目の前の子どもの実態や学力の見方・捉え方などが視野に入っていない教師になってしまっては困ります。

第二には、土台づくりのためには、忍耐強く練習を重ねる必要があり、その練習をどのように導けばよいかが教え方のポイントになります。

百マス計算というよく知られた指導法があります。算数が苦手な子であっても、スピードを競うゲーム感覚で練習できますから効果的だといえます。これは楽しくて飽きないようにする工夫として評価できますが、楽しくなくても我慢強く努力することも学ばせる必要があります。

計算の他にも、漢字の書きとりとか英単語のスペルなど、単純で機械的な作業を何回も練り返してはじめて身につくものです。これらの技能の習得は、「楽しく」ということよりも、「どこまで上達したか」が分かることによって意欲的に取り組めるように導きたいものです。

排他的な競争だけに走っては良い結果が得られませんが、自分の怠け心に打ち克つという自己との競争は教育的にも非常に大切なことです。これによって耐える力という価値のある資質が身につき、他の学習や生活場面でも役立つ力になります。

また技能の習得という点に関しても、忍耐強く練習を続けることによって、正確さやスピードが向上するだけでなく、やり方とかコツが分かるようになります。そして自分のやり方を知り、自ら調節する力も身につくのです。これは心理学において「メタ認知」と呼ばれ、学習には重要な役割を果たしていることが分かってきました。

メタ認知を獲得させるには、自分のやり方が分かるように進歩の跡が目に見える手がかりを与えてやることです。上達の程度を正答数やスピード（時間）で示すとか、一つ一つの反応の直後に正誤を知らせ、間違いを修正させるという指導も有効でしょう。

やっと正答できたところで練習を止めてしまっては、このような高度な力にまで上達したとはいえません。そのレベルを越えてさらに練習することを「過剰学習」といいますが、この過剰学習には大きな効用があり、これによって自分のものになりきった力が得られます。

「読書百遍意（い）おのずから通ず」という名言があるように、古くから反復練習の効用が知られていたのです。このような知恵が古い教育だということで軽視されてきたように思われますが、考え直してほしいものです。

第７章
型をふまえ型にとらわれない授業の創り方とは

教え上手は芸なのか、技なのか

どの地域にも、授業の名人と呼ばれる先生がおられます。研究授業が公開されると聞くと、大勢の先生方が参観され、名人のひと言ひと言を聞きもらさないようにと熱心にメモを取っている場面に出会うことが多いのです。

名人先生たちに聞き取り調査をしてみるのですが、「特に秘訣などありませんよ」と謙虚に答える先生や、「ここまで来るのにはたいへん苦労したのです。簡単に教えられません」と語る先生に分かれます。

どちらにも共通している点は、教え方の上達は一人一人の教師の心意気で成し遂げるものであり、その秘訣は個人芸に属すると考えておられることです。

「個人芸」と言われると、われわれは困ってしまうのです。それ以上の分析が困難になり、具体的な策をみつけることができなくなるからです。

そこで名人先生に若い頃からの苦労談を時間をかけて語ってもらい、具体的な話を書きとめていきます。そうすると、一つか二つくらいは上達の秘訣ともいえる具体策がみつかります。

算数の授業名人といわれた先生は、テストの答案やワークシートはすべてコピーをとり、クラス全員のものをバッグに詰めて持ち帰ったとのことです。すべてに目を通し、どの子がどこでつまずき、どういう考え方のくせがあるかを頭にインプットし、その重い頭で翌日は子どもと向き合うのですと語っていました。

授業の中では、挙手していない子を指名して答えさせることが多く、誤答してもそれを「ウンウン」といって受けとめ、その子の考え方を黒板を使っててていねいに説明し直したとのことです。誤答した子はニッコリ笑っていますし、他の子どももうなずきながら聞いてくれるようです。誤答にもなるほどと思う理屈があり、先生の説明にはスロービデオを見ているような確認による安心と面白さがあるからです。

このような話をいくつも聞いてから、芸ではなく技であると考えるようになりました。具体的な策がみつかったからです。

評価資料の入念な点検、誤答中心の発問応答などは誰でもやろうと思えば実行できる教える術なのです。このような術を一つ一つ抽出し、多くの先生方の共有財産にできれば良いと考えるようになりました。

技にはすべて基本となる型がある

歌舞伎、囲碁、将棋などの伝統的な演劇や習いごとには、技を習得するための基本となる型があるようです。入門すればその型を一つ一つ身体に覚え込ませてはじめて師匠から目をかけてもらうことができるのです。

授業についても、同じように基本となる技があるといえます。

授業の計画段階では、一斉授業の導入、展開、まとめの三段階をふまえ、導入には教材提示と説明、展開には発問・応答と子どもの活動の組織化、そしてまとめには再び説明といった教え方のパターンを基本型として利用する必要があります。

授業の実施段階に入ると、説明では教卓を前にして全員に目を向け話すとか、子どもの活動中は机間巡視を行い、個別に助言するといった教師が採用すべき行動・発言のパターンに基本型があります。

これらの基本型は教育実習や初任者研修において叩き込まれるのが一般的ですが、なかには「なぜ？」と疑問に思う人もいるかもしれません。古い徒弟教育のような感じで受けとめられるからです。

しかしベテラン教師にこの若い頃の回想を求めますと、基本型の修得によって教師として歩む自信がついたという人が多いようです。その効用は後になって分かるというものではないでしょうか。

ただひとつ付言しておかなくてはならないことは、基本型を修得しても名人先生のような授業が直ちにできるわけではありません。型の大切さがやっと分かり、型を意識しているようでは、生き生きとした授業を展開することができないからです。自然に型をふまえながらも、自己流のやり方や持ち味を出して教えるコツを身につけるには長い教師修業が必要だと考えてください。

型にとらわれない大胆な改革には、理念が必要である

名人先生の話し方や身振り、表情にいたるまでの○○先生らしい個性的な技を獲得するには、名人先生のもとへ弟子入りして学び取るという道があります。

過去において、この道を歩もうとする教師は、名人先生のやり方を見取り、専ら真似するという修業を繰り返しました。その結果、名人先生にほぼ近いところまで上達し、その派の研究会では指導力を発揮したものです。

しかし最近の状況では、名人先生も少なくなり、弟子入りをしようという教師もみかけなくなりました。どの世界でも同じ傾向のようですが、教育界では公的な研修会が多いことも

重なり、さらに上を望む心意気のある人が現れないという事情があります。

この現状をふまえ、私は第１章で述べたように、学校単位か同志のグループ単位で一つの理念をかかげて授業改革に取り組み、その中で教える力のさらなる上達を図るという道をすすめたいと思います。

では、理念とは何かということになります。

高邁な教育の理想を語っても、授業の改革には役に立ちません。授業と直接結びつくのは教育目標となる学力であり、どのような学力をつくるのかという理念だけで十分なのです。

その学力づくりを表す言葉として、学校現場の研究では、実によくアピールする名言を自ら案出してきました。「共に学び合う授業づくり」とか「自ら考え自ら学ぶ子どもを育てる」といった研究主題が、それぞれの学校での学力づくりの理念を言い表しています。

学校や研究グループの中で議論し、このような理念に到達したのですから、授業を論じる際にも熱をおび、どのメンバーもこれまでの授業で満足することなく、改革をめざします。

ここまでくれば、型にとらわれない授業への修業が第一歩を踏み出したことになります。そして、その原動力は自分の言葉で語り合う理念であることが外から見ていてもよく分かります。

問題解決的学習を主とする授業を創る――本物の思考力をめざして――

物知りではあるが、その知識が考える道具として役に立っていないというのでは困ります。知識を使って物事を処理し、解決していく力が、今後ますます重視されるようになるからです。目の前の子どもたちを見ても、この力が弱いと実感されている先生は多いことでしょう。ＰＩＳＡ調査や全国学力調査からもこの弱点が明らかになり、外から指示されなくても、この力の育成を学力づくりの理念として掲げる学校が増えつつあります。

基本型の授業であっても、思考力を育ててきたではないかと反論されるかもしれません。しかしその思考力は、教師が敷いたレールの上を間違いなく走るための思考力だったのです。問題解決が必要な場合でも、解決の仕方の細かい点までも指示し、マニュアルどおりに作業をさせました。そして教師の考える正答へと強引に導いていく授業が多かったといえます。

もちろん正答にいたる論理を正しく歩ませることも大切ですが、自らの考えで歩む力も要求されています。ここで「本物の思考力」というのは、正しい論理の上に自ら主体的に考える力を目ざしているからです。

では、基本型から型にとらわれない授業へ変えるには、問題解決のどこをどう改めるとよいのでしょうか。

基本型の授業の導入では、本時の課題を教師が指示するだけに終わり、子どもたちが自らのものにするだけの時間が与えられません。問題解決的学習では問題の本質を捉えること自体が全体の流れの中で大きな重みを持ちますから、短い時間であっては問題がしっかり捉えられたことになりません。

多くの時間を配分するだけでなく、問題を把握する方法を徹底的に教えるべきです。例えば国語の説明文の読解も問題解決的にすすめるべきですが、それには次の二つがポイントとなります。

一つは、丹念に読み込むためには、集中力と根気強い取り組みを子どもに求めなければなりません。例えば、ＰＩＳＡの読解問題「落書きで」は、およそ一〇〇〇字近い長い文章を根気強く読まなければ問題の所在をつかむことができません。

二つ目は、全体の流れから問題点（対立、矛盾、主張など）を見抜き、余分な情報を切り捨てさせます。「落書き」問題ならば、「なぜ、広告は許されて落書きはダメなのか」というような重要なポイントに思考をしぼる必要があります。

社会や理科の学習では、さらに膨大な資料を読み込み、問題点の在りかをみつけるという作業が必要ですから、これら二つのポイントはますます重要になります。

さらに理科の問題解決では、科学的思考特有の認知プロセスが重視されます。そのため検証可能な形で仮説を立てることを問題把握の段階で教えなければなりません。予想を立てるといってもよいのですが、自分勝手な思いつきではダメです。しっかりした根拠、論理に基づく予想であり、科学的な方法で試すことができる予想が仮説です。

このようにして問題の把握ができますと、次は問題の解決の段階に移ります。

国語の読解ならば、自分の考えをノートやワークシートに書くとか、小グループで討論して考えを深めるなど、第5章の対話力で述べたことが重要になります。

理科ならば、実験・観察を通して科学的に考え、仮説を検証し、仮説の修正や検証のやり直しなどを試行錯誤的に繰り返していきます。

いずれの場合も一本のレールの上をすいすいと走るように単調なプロセスをたどるわけではありません。やはりねばり強い努力と工夫を重ねながら論理的にきちんと考える力が求められますので、この点をしっかり導く必要があります。

これら二つの段階を踏むだけでもたいへん長い道程ですが、さらに自らまとめて発表・討論・論述を行う段階も後に続きますから、相当な時間がかかります。

一単位時間で計画するのではなく、小単元（題材）のまとまりで各段階を割り振り、一つ一つの段階を確実にたどる学習を導くべきです。

したがって一単位時間の授業が基本型のように、導入・展開・まとめという形にはなりません。ある時間では、子どもたちは黙々と資料を調べ続けます。また他の時間には、実験を繰り返すことだけに集中します。結局、いろいろな形の授業を複数回続けることによって、全体として流れに従った型が出来上がるのです。このことが一つの型にとらわれない授業改革の特徴であるといえます。

このようにより大きなスパンで授業を捉え直し、自らの理念を徹底的に追究する取り組みになりますから、改善ではなく改革という言い方をした方がよいといえます。型にとらわれず大胆な発想で取り組まなければならないからです。

この方針で三つの小・中学校の研究指導に当たってきた経験から、年間で二つか三つ程度の小単元を問題解決的に導くのが実際的ではないかと思います。国語、社会、数学・算数、理科、技術・家庭、総合では、それぞれ内容や形態が違っても、右に述べた段階を踏むのに適した小単元がみつかるはずです。

数少ない小単元であっても、本物の問題解決を経験することができると、考え方・学び方のコツがよく分かります。またそれだけでなく、知的好奇心が刺激されるので、さらに新しい課題に挑戦したくなります。この意欲を発展学習につなぐことによって、理念に掲げた学力を達成することができるのです。

そして他の小単元では、型どおりの一斉授業を効率よく進め、基礎的な学力を確実に定着させてほしいものです。それが結果的にはバランスのとれた学力づくりになるのであって、この現実的でしたたかな授業改革をすすめたいと考えます。

創造的学習を主とする授業を創る——自己表現力と創造性をめざして——

自分の考えや感情を前面に押し出して話したり、活動する力がこれからの社会では求められるのではないかと思います。自分という存在を他人に理解してもらったり、自分の生きがいを自覚するには、このような力が必要になるからです。

大人がカルチャーセンターなどで歌を歌ったり、俳句や詩をつくったりしているのも、今日の社会を生きる人びとがそのような自己表現による充実感を求めているからでしょう。

子どもは遊びの中で自己表現を行い、学校では決められたことをきちんと実行するものだとこれまでは考えられてきましたが、今日では本来の遊びが崩壊し、電子機器を使った遊びなど能動的な自己表現に制約のある遊びに押し込められています。

そこで学校では特別活動を充実させるとともに、音楽や美術・図工などの表現教科では自己表現力そのものを目標に据えて指導する必要があります。

表現力はこれまでの教育でも重視されていたのですが、どちらかといえば表現の技能に重点が置かれていました。自己表現ではその技能よりも自分の内面を豊かにし、考えや感情を外に出しきる力に重点が移ります。

今回の改訂において、新しい指導要録には観点別学習状況の観点として「思考・判断・表現」が設けられたのも、表現を思考・判断と一体的に捉えているからです。表現する中身が問われており、自分の内面を豊かに表現する力がこれからの教科の目標になったといえます。

しかもその表現には自分らしさが求められます。他人の模倣であったり、型にはまった表現では自己表現力とはいえません。自ら工夫し、創造的に取り組むことによってはじめて自分らしい表現となります。

この特質から考えて、芸術的表現や言語的表現だけでなく、数学や理科における発想や社会における構想・計画なども自分の考えを創造的に具体化するものとみなすことが大切だといえます。

そこで、多くの教科にまたがる学習として、自己表現力の育成をめざす学習を創造的学習と呼んで、授業改革の一つの柱にしたいと思います。

最も意外だと思われそうな具体例から話を始めましょう。

函館の附属中学校では、社会の「私たちの暮らしと経済」という単元の学習で自分が理想的と考えるコンビニを企画し、そのキャッチコピーを作らせるという授業が行われ、報告されています。「おばさんの微笑み」というキャッチコピーを作った生徒は、「店員には笑顔の似合うパート経験のある五十代の女性を多くし、温かい接客によって客を増やす」と計画書に書いています。

　また「チンドン屋さんもびっくり」というキャッチコピーを作った生徒の計画書には「『買った物を二階で食べる』『木曜はレディスデー5%OFF』という旗を立ててチンドン屋さんに宣伝してもらう」と書かれていました。

　このように自分の経験を基にしてユニークな発想による案を作り、その宣伝にも独創的な面白い表現がみられます。その意味で自己表現を促す試みとして成功しているといえます。

　しかし自由な発想を促すだけでは、単なる思いつきや遊び気分での表現になってしまう恐れがあります。この授業は社会の公民領域の学習として、消費、金融、租税、福祉などの諸問題を学んできたので、それらの社会科学的な概念や考え方が生かされていなければならないといえます。この点は最後の報告書の作成で指導されることになっていますが、自由な発想と社会科学的思考をつなぐことがポイントになります。

　数学には自由な発想などありえないと思われるかもしれませんが、次のような実践例で考えてみてください。

　トイレットペーパーのロールを三個ずつ積んだ四つの柱を縦横二列に並べて包装した絵を見せ、数学で解ける問題を作るように求めます。作るだけであって解く必要がないと告げ、自由に考えるように促します。

このような問題づくりで生徒たちは長さ、表面積、体積、重さなどの計量を問う問題を多く作り、これは予想通りでしたが、意外な問題も出てきました。

例えば価格を問う問題や紙の厚さと実用性の関係など、生活体験から発想した問題もありました。そして、それぞれのユニークな点を互いに認め合うとともに、その問題を解くためには数学的な考え方として何が必要なのかを論じていました。

以上に述べた社会と数学の学習は、問題解決的学習とは異なり、一つの正解を求める学習ではありません。幾通りもの解が可能ですから、論理的思考だけでなく創造的思考が重要な働きをします。それによってできる子と苦手な子が逆になることもあり、学級の雰囲気もがらりと変わり活気をおびてきます。

しかし創造的学習の本領を発揮できるのはやはり芸術や言語の領域であるといえます。

遠足などの体験を作文で表現させる指導は昔から行われてきましたが、物語や小説を読んだ後の感動が消えない中に、子ども自らの発想を生かした創作をさせる授業も近頃では増えてきました。

「ごんぎつね」の読解が終わってから、「ごんが死んでから、兵十はどんな生き方をしたのでしょうか。自分で考えて、この物語の続きをつくってください」と子どもたちに呼びかけている授業がありました。また、「走れメロス」の読解の後で、「王様の立場か、友人の立場に立って、この小説を書き直してみてください」と求めている授業にも出会いました。

さらに一歩進めて、芸術と言語を結びつけた創造的学習を導く試みも現れるようになりました。

和楽器を指導する音楽の授業において、万葉集の中の秋の情景を詠んだ和歌を読ませ、「その情景にぴったりの曲を作ろう」と呼びかけていました。生徒たちは一人一人が琴を手にして思い思いの曲を作り、発表し合っていました。なかにはクラスのメンバーの苦笑がもれ聞こえる発表もありましたが、教師は終始にこやかであり拍手を送っていました。

言葉、歌だけでなく、ダンスも取り入れた演劇などは創造的学習の幅を拡げるものであり、授業の合科的な取組みとして評価されます。

科学、数学、芸術、言語の基礎的な知識や技能は確実に習得しなければなりません。しかしそれだけに終わっては学ぶことの楽しみを味わうことができず、また自己表現力や創造性を伸ばすことができなくなるのです。基本だけにしばられず、型にとらわれない自由な活動を組織化する授業づくりに注目したいものです。

個人・小集団・学級の三形態を組み合わせた授業を創る
——個人差への対応と相互啓発をめざして——

学力調査の分析結果などから浮かび上がってくる最大の問題点は、学力格差の拡大です。できる子と苦手な子の間の学力に大きな開きができつつあります。

この問題点を克服するため、習熟度別指導の実施にふみ切った学校が増えてきましたが、その成果はどうなっているのでしょうか。

「格差解消」という理念は立派なものですが、実際に成果が現れていないようでは困るのです。しかしこの予感は当たっているようです。習熟度別指導を取り入れた学校とそうでない学校それぞれかなりの数の学校について、子どもたちの学習意欲を調べると、ほとんど差がなかったという調査があります。これは教師側が期待しているように、子どもにとって有効な改革になっていないことを物語っています。

では何が、うまくいっていない原因なのでしょうか。二つの原因が考えられます。

一つは、型にはまった一斉授業から完全に脱皮できていないからです。

遅れがちな子どもを別のグループにして指導しているのでひと皮だけ脱皮しているともいえますが、学習課題の与え方や指導法は型どおりの一斉授業のままです。一斉授業で使った教科書を再び学習するだけであり、その子の遅れに対応した個別の教材を用意しているところは少ないようです。教え方も黒板を背にして大声で同じような説明を繰り返すだけであって、子どもの目線に合わせて個別に語りかける助言も徹底しているようには見受けられません。

二つ目としては、習熟度の捉え方に問題があると思います。

多くの学校では、遅れがちな子と普通以上の子という二段階で習熟度を捉えていますが、その根拠となる学習状況を質的に把握していませんから、その子に合った指導ができないのです。

これまでの成績などから大まかにグループ分けしている学校が多く、つまずきの箇所や原因までも質的に捉えることはできていないようです。「授業についていけない子」という能力中心の捉え方が先行しているためであって、この能力に差がでる算数・数学や英語だけで習熟度別指導が行われている現状もそのことを裏付けています。

もちろん理念をしっかりと共有し、細部にわたって工夫した習熟度別指導を実施している学校もありますが、少数にとどまります。多くの学校で実施できる現実的な解決策が必要ですが、それには授業をどのように改革すれば良いのでしょうか。やはり型をふまえながらも、型にとらわれない授業を組み立てることです。

第一に、子どもの学習状況に応じて学習課題を変えることです。

一人一人の学習状況は単元の特徴によって異なり、事前にできる子と苦手な子に分けるわけにはいきません。そこで単元展開の途中で判断し、基礎となる知識や技能が身についていない子には、それらを補充するための課題を与えます。基礎的なことは習得していますが、それを活用して問題を解決したり、表現活動を行うまでには達していない子には、学習をさらに深める課題を与えます。活用できるだけの力も身につき、理解の度合いも十分ですが、自ら進んで挑戦的に学ぶ力に欠ける子には、発展的な学習に適した課題を用意するという具合に変えてみてはどうでしょうか。

このように学習状況を質的に捉えて三つに分類し、それに応じた学習課題で学べるように単元の終わりの方の授業を組み替えるようにシステムを変えることを提案します。

7回から10回程度の単位時間で終えることができる単元が適していますが、その初めの方の大部分は型どおりの一斉授業で展開しますから大幅な組み替えにはなりません。終わりの方に右に述べた課題別の学習ができる時間を少なくても2回か3回設けることができれば十分です。

第二に、評価の結果を次の指導に生かすために、単元展開の途中にしっかりとした評価を行うことです。

単元がすべて終わってから評価をしても、それを生かす機会がありません。授業外に行う個別指導も考えられますが、通常の授業そのものが評価を生かし、個人差に応じるようになっていなければならないと考えます。それが改革のねらいですから。

授業の中で使われてきた小テストや見取り評価などは、指導で補助的に活用されてきましたが、授業を組み替えるのに役立つしっかりした評価であるとはいえません。先に述べたように学習状況を質的に捉えるには観点別評価が最も適しています。この評価については第8章で説明しますが、そのやり方をできるだけ簡略化して短時間で観点別の学習状況を評価するのです。

テストが使える算数・数学、社会、理科などでは、一回の授業をこの評価に当てるのが理想的ですが、無理であればその半分の時間でも十分です。それまでに教えた単元の内容を評価し、「基礎が不十分」「基礎はできているが深め方が足りない」「十分学習しているが、さらに挑戦させたい」という三つの判別ができるだけでよいのです。

表現教科の場合は、単元展開の中程から終わりにかけての時間の中で観察法や作品法によって評価できる場合をみつけることです。観点さえ踏まえているならば、右に述べた三つの判別にはそれほど多くの時間はかかりません。

この方式はグループに分けることよりも、学習課題を変えることにねらいを定めています。したがって同じ教室で課題別学習を行い、隣の席の子どもとは違った教材で学ぶことになります。そのため差別意識を抱かせることになるのではないかという心配をしていましたが、実施した学校の様子を見ているとその予想は当たりませんでした。

補充課題や深化課題を学んでいる子が発展課題に挑戦している子の様子に興味を持ち、質問していました。またいったん深化課題に取り組んでみたものの、基礎が不十分なことに気づき課題を変えたいと申し出る子もいました。同じ教室内ですから流動的にすすめることができるのです。最後の時間に課題別学習の成果を発表して話し合う場を設けると、相互啓発がさらに活発に行われます。「次の単元では、面白そうだからがんばって自分も発展課題をやってみたい」という声も聞かれ、互いに刺激し合っていることが分かります。

第8章　確かな評価は授業の羅針盤である

理念先行の改革が破綻したことがある

かつて、個性尊重の教育に関心が集まったことがありますが、その流れの中にあってオープンスクールへと大胆な改革を試みた学校が破綻してしまったことがあります。

立派な開放的な校舎を建て、子どもたちが自由な学習活動を行うようにカリキュラムもユニークなものに改められたのですが、基礎的な学力が低下したのではないかという保護者たちからの批判が強くなり、二、三年も経過することなく方針を転換する羽目になったのです。

しかし、同じようなオープンスクールであっても成功しているところもあります。その一つが愛知県の緒川小学校であり、私も研究会に招かれて話を聞いたのですが、その成功の秘密はしたたかな改革にあることが分かりました。

子どもが自主的な学習を行うことでは一貫した方針が守られていますが、その中で基礎的な学力もきちんと身につくように配慮されていたのです。

例えば「はげみ学習」と呼ばれる時間には、算数の計算問題の初歩から六年生レベルの問題まで80近い段階に分け、どの学年の子どもであっても、自分に合った段階の練習シートを選んで回答するというシステムが採用されていました。

この例のように、個性尊重という理念だけでなく、子どもの実態にも目を向けて改革を進めるしたたかさには、私もたいへん驚いたことを今でも覚えています。

オープンスクールだけではありません。どんな改革であっても、理念だけでなく実態を捉える確かな評価がなければ成功させることができないのです。

また、改革といえるほど大きな取組みでなくても、自分の教え方を改善する際には理念と実態の評価が車の両輪のような役割を果たすのです。

テストや調査から何を読み取るか

国の学力調査は大規模なものであり、多額の税金をつぎ込んでいます。その上に地方自治体でも独自に学力調査を行うようになりました。

はたしてどれだけ活用されているのでしょうか。特に、学校の授業づくりに役立っているのかどうかが問われています。

学校現場での本音を聞き出すと、冷ややかな回答が返ってくることが多いのです。強く反対する人もいますが、多くはしかたなく実施しているという消極的な意見のようです。

しかし研究的に取り組んでいる教師は学力調査の問題分析を丹念に行い、「なるほど、これは良い問題だ」「これは痛いところを突いている」などと話し合っていました。A問題（習得）とB問題（活用）に分けてテストが構成されており、はじめてB問題を手にした教師の中には、驚きながら「このような点は指導してこなかった」と反省する人もいました。これと同じような反省は、標準学力検査の問題についても聞き取ることができました。

したがって、学力調査や標準学力検査を実施するメリットの第一は、よく練られたテスト問題を点検することによって教師の眼力を高めることにあるといえます。

もちろんこれだけでは不十分です。検査結果から子どもの実態を把握することが本来の目的です。

行政の側は得点の平均値や順位に敏感であり、これらを基にして地域の学力レベルの向上に競争的に取り組ませようという目論みがあります。

親方日の丸意識の強い教育界には、ある程度の競争は良い刺激になりますが、順位を競うことだけに終わるとデメリットの方が大きくなります。ある県では、国の調査に向けて類似問題を用意し、テストの練習を行ったり、本番のテスト中に机間巡視しながらヒントを与えるといったルール違反もあったと聞きます。過度の競争やルール違反は大きなデメリットです。

行政の側が考えるべきことは、検査結果を教育行政に活用することであり、学習指導要領の改訂や学校の指導助言に役立てるべきです。

最近のテスト理論や統計法の進歩によって少数の抽出調査であっても、かなり役立つ情報が得られるようになりました。地方自治体の調査も、学校の指導助言に役立つ程度の小規模なものにすべきです。国と地方自治体での二つの改善によって学力調査にかける費用は大幅に減りますので、その分を今回の大震災の復興費に当てるようにしてほしいと思います。子どもの実態を正しく把握するには、学力の質的な特徴にまでメスを入れて分析する必要があります。

小問ごとの正答率を細かく分析し、どのような問題に強く、どのような問題に弱いかを明らかにした報告書が作成されています。これなどは質的分析の成果ですが、どれだけ学校で活用されているかは明らかではありません。

後で論じるように、学力は観点別に捉えるのが実際的であり、その質的な評価結果を授業で活用するという流れが全体的な傾向になってきました。

各問分析の結果には、一つ一つの問題ごとの特殊的要因やまとめにおける主観性が大きく介入します。そのため細かすぎて、一般化して指導に反映させるのには不向きな資料となります。その点では、評価の観点を学力の大まかなくくりとして捉えるのが常態化していますから、観点別評価として学力を質的に捉える検査が必要です。

ところが国や地方自治体の学力調査は、観点別に学力を捉えるように作成されておりません。観点別評価を可能にするには、市販テストのCRTという標準学力検査を利用する必要があります。

国の調査でもA問題（習得）とB問題（活用）の比較はできますが、指導要録の観点にぴったり対応していませんので、観点別評価には不向きです。また通過率や平均が低いというだけではもともとむずかしい問題が含まれていたかもしれませんので、問題の難易度を考慮に入れた上での比較ができません。

CRTでは、観点ごとの複数問題をまとめた通過率をいったん指数に換算してから、「十分満足」「おおむね満足」「努力を要する」の三段階に評価するようになっています。これによって、難易度を考慮した上で、観点間で学力の質的な比較ができるのです。

学力調査は行政の側で大いに活用されるべきであって、学校現場では質的な分析や指導上のヒントが得やすいように作成された標準学力検査が使われるべきだと思います。

「何を」と「どこまで」の評価が指導を方向づける

授業において最も重要なことは、何をどこまで指導するかということです。そのために学習指導要領があり、教科書があるわけですが、それだけでは「何を」の捉え方が内容中心になってしまいます。「○○○を教えるべきか」といった個々の内容に目が向いてしまうからです。

「教科書を教える」というのであれば、それでもよいのですが、「教科書で教える」という場合にはそれでは困ります。なぜならば内容は手段であって目的ではないからです。「何を」を達成すべき学力目標として捉えないかぎり、授業を良い方向へ持っていくことができません。

それぞれの単元には学力目標があり、その達成状況を評価するためのよりどころになるのが「評価規準」と呼ばれるものです。したがって評価規準に基づいてチェックすれば、その結果から授業の中の足りない点や改善すべき方向が明らかになるはずです。

しかしこの評価規準を単元としてまとめて表すと、たとえ観点別にしても抽象的になります。例えば、小学校理科「天気の変化」（五年）という単元で「天気の変化と雲の量や動きなどを関係づけて考察し、自分の考えを表現している」という評価規準を設けたとします。これは「科学的な思考・表現」という観点から学習状況を評価するためのものですが、これだけでは一人一人の子どもの学習を具体的に捉えるのはむずかしいのです。

そこで、その観点を評価するのに適した学習活動を取り上げ、学習の状況についての具体的な評価規準を示す必要があります。

右の例では、「数日間の気象情報と観測結果から明日の天気を予想し、説明する」という学習活動を取り上げます。そして「天気の変化にはきまりがあることに気づき、明日の天気について雲の様子と関係づけて予想し、理由を大まかに説明している」という具体化された評価規準を作るのです。この具体化された評価規準は評価のよりどころだけでなく、指導の具体的な目標となるものです。

つぎに「どこまで」をどのように捉えるかを説明します。

目標が明確になっても、どこまで指導すればよいかが分からないようでは指導に力が入りません。より良い状況まで高めたいと考えても、その状況を具体的に捉えていなければ指導の方向が見えないからです。

より良い状況を「十分満足」、だいたい良い状況を「おおむね満足」、不十分な状況を「努力を要する」といいますが、これら三つの段階を示すものを「判定基準」と呼ぶことにします。

右に挙げた理科の例では、具体化された評価規準に示された段階が「おおむね満足」（B基準）の判定基準になります。「十分満足」（A基準）としては、「天気の予想の際、天気の変化のきまりをもとに、根拠を明確にして説明している」という判定基準を作ります。そして「努力を要する」（Ｃ基準）としては、Ｂ基準を表す文を否定形に変えることによって文章化します。

評価規準と判定基準があれば、授業をより良い方向に改善することができますので、羅針盤が手に入ったといってもよいでしょう。授業という船をどこへ向けて、どれだけ進める必要があるかが明示されるからです。またこれらを分かりやすく書き直して示せば、子どもたちの学習の羅針盤にもなり、自ら学ぶ子どもに育てることができます。

しかしこれらを各学校でオリジナルに作るとなると負担過重になり、また少人数で検討したのではどこから見ても妥当なものを作るのはむずかしいことでしょう。そこで、『観点別学習状況の評価規準と判定基準』という本が最近出版されましたので、それを参考にしていただくのが良いと思います。入念に検討されていますから妥当なものになっています。

評価事例の検討から指導のポイントがよく分かる

知識や技能は目に見える学力ともいわれ、比較的捉えやすい学力です。ところが今回の改訂で重視されるようになった思考力・判断力・表現力は外から見ても捉えにくく、評価がむずかしいといわれます。

そのためにも評価規準や判定基準を設定する必要性が今までよりも高くなったのですが、どうしても抽象的な記述が部分的に残り、具体的な捉え方までも明らかにすることができません。

そこで先に紹介した評価規準の本では、評価の具体的な事例について捉え方を解説しています。この評価事例の記録を読めば、むずかしいといわれる思考力・判断力・表現力についても、自信をもって評価できるのではないかと思います。

例えば、前に引用した理科の場合は、次のような評価事例が示されています。

明日の天気を予想して、その理由を説明する場面において、ある子どもは「香川県より西には雲がないので、明日の天気は晴れだと思う」と書いていました。これは天気を予想し、その理由を大まかに説明したものとみなされ、「おおむね満足」（B基準）に相当すると判断しています。

他の子どもは「雲は西から東へ動くから、今かかっている雲は東へ動いて、香川県より西にべつの雲はないので、明日は晴れると思う」と書いていました。この場合は天気の変化のきまり（法則）に言及した上で、変化の理由を説明していますので、根拠を明確にした説明とみなされます。したがって「十分満足」（A基準）に該当します。

科学的な思考では、自然現象の法則性を見つけ、それに基づいて考えることが重要です。

このことを右の評価事例は具体的に示したものといえます。だからA基準とB基準の違いをこのように明示しておけば、指導の向かうべき方向を教えてくれるのです。

もうひとりの子どもは、「雲がほとんどないので、明日の天気は晴れ」と書いていました。この場合は変化の予想はしていますが、その理由を説明していないので、「努力を要する」（C基準）に該当します。この子の場合は判定を行うだけではなく、支援の手だてを講ずる必要がありますが、この評価事例においては「現在の雲の量・位置や今後の雲の動きを問いかけたり、インターネットを用いて雲の動画と雨情報の関係を示したりする」という支援の手だてが具体的に示されています。

一つの場面でこのように詳細な評価を行っても、学力の全体像を捉えたことにはならないのではないかと危惧されるかもしれません。しかしこのように評価する場面は一つではなく、単元、学期、学年というスパンではいくつもの場面で評価し、その結果を総括するわけですから、安定した信頼の置ける評価になります。一回かぎりの期末テストで評価するよりも、はるかに信頼性は高くなります。

総括の仕方についても工夫が必要であり、単純に合計するだけでなく、そのスパン内での学習状況の変化を視野に入れた総括、例えば最終的な到達点での評価を重視することが考えられてもよいと思います。

テストを工夫すれば、思考力・判断力・表現力も評価できる

中国において、公務員への登用のために科挙という試験制度が取り入れられたのは、家柄重視から実力主義への転換によるものですが、その実力の判定にテストが使われたのは公正さが重視されたからであると考えられます。誰からも文句のつけようがないという点ではテストが優れているからです。

今日においても、入学試験や企業の採用試験などでテストが使われるのは同じ理由によるものと考えられます。公正さが求められるこれらの試験ではテストより優る方法がないからです。

学校の中でも、テストが評価技法としては最も多く使われていますから公正さが重視されていることは間違いありません。また公正さだけでなく便利さが大きな理由になっているように思われます。短時間に実施できることや簡単に成績を数値化できる点から、テストが便利な道具になったのです。

しかし公正さや便利さだけに目を奪われていると、子どもの学習状況を正しく評価しているかどうかを吟味することを忘れてしまいます。最も大切なことは、学習内容にきちんと対応したテスト問題になっているかどうかです。これを「内容的妥当性」といいます。

単元ごとのテストならば、学習した内容の主なものはテスト問題に取り入れることができますが、期末・学年末のテストでは代表的な内容を選ぶことになるので、テストが全体として学習状況を捉えているのかどうかを常に吟味する必要があります。

もう一つ大切なことは、テスト結果が偶然性に左右されず、常に安定したものかどうかという点であり、これを「信頼性」といいます。信頼性を確保するには、ある程度まで多くのテスト問題を用意する必要があります。

妥当性や信頼性をきちんとチェックしてテストを作成する過程を「標準化」といいます。ＮＲＴやＣＲＴという検査はこの標準化を行ってから市販されていますから、正しく評価するのに役立つ道具なのです。しかし標準化を行わずに市販されているテストもありますから要注意です。

さて今回の改訂によって思考力・判断力・表現力が重視され、この学力を評価するにはテストは不向きであると主張する人が増えました。しかしその主張は、これまでの知識中心のテストを念頭に置いているからであって、新しいタイプのテストに目を通せば考え方が変わるはずです。

ＰＩＳＡ調査のようなテスト問題を作れば、深い思考力を試すことができます。多肢選択法という客観テストであっても、問題を長い文章や図表を使って複雑なものにしたり、解答の選択肢をしっかり考えなければ正解をみつけることができないようにするなどの工夫をすればよいのです。また表現力を試すには記述式のテストを併用する必要があり、ＰＩＳＡでは部分的に採用されています。

ＣＲＴという検査の新版では、「思考・判断・表現」の観点に対応する問題に多肢選択法と記述式を組み合わせた混合形式を採用しています。

提示された問題について、正しい解となる選択肢を多くの中から選ぶのが多肢選択法ですが、選択には分析・総合などの深い思考や判断が必要です。そして選択した後でその理由や根拠を説明させる問を設け、文章で記述させます。これによって表現力を試すことができ、思考・判断と表現を一体的に捉えるという今回の改訂の趣旨に合致した検査になっています。

このように教えた内容にきちんと対応したテストは正しく評価するための重要な道具ですが、その結果は指導にも大いに役立つものなのです。先にも述べたように、評価の結果から教えた内容や方法が適切であったどうかを検討し次の指導に生かすことができます。昔から、「子どもの学習をテストしたのではなく、教師の教え方がテストされたのだ」といわれてきたのも、このような授業改善を促すためです。

また自分でテスト問題を作ってみるのも、教える力の向上に役立ちます。作問能力と教える力は比例関係にあり、良い問題を作るように努力すれば、教える中身の中心をしっかり捉え、的を外さずに教えられるようになります。

パフォーマンス評価には、長所と短所がある

思考力・判断力・表現力を評価するには、パフォーマンス評価に切り替えなければならないという風潮が強くなってきました。

その背景にはテストによる点数主義に対する反発もあると思いますが、点数主義の弊害はテスト自体によるのではなく、テストの使い方や解釈の仕方によるものです。これまでに述べた点が理解されると、この反発も消えることでしょう。

もう一つの背景は外国における教育評価論の流れです。学習活動そのものを直接捉えて評価するのが、教育本来の評価であるという立場に立つ理論が出てきました。わが国でもそのような本物の評価へ切り替えるべきだというのですが、その長所と短所をよく吟味してみなければならないと思います。

ひと口にパフォーマンス評価といってもいろいろな方法があります。ここでは大まかに二つの類型に分けることにします。

一つは観察法です。授業中の子どもの発言や活動の様子を観察して評価する技法ですが、これまでから行ってきたものです。その場ですぐに指導に生かすことができるという長所か

ら、指導の中の評価として活用すべきものです。チェックリスト法なども考えられますが、記録が残らないという短所があります。そのため後でじっくり検討して評価することがむずかしいのです。

二つ目は作品法です。この中には図工（美術）や技術・家庭での製作物を評価する場合だけでなく、ノートやワークシート・レポートなどに子どもが自分の考えや感じたことを書き表した表出物を評価する場合もあります。いずれも記録が残る点が長所であり、後でいろいろな角度から点検して評価することができます。

研究会などで報告された評価事例には、この作品法を使った例が多いのも右に述べた長所があるからです。評価の記録となる資料を残しておき、事例検討会で互いに交換しながら話し合うことによって、評価の眼力を高めるだけでなく指導にも役立てることができます。

パフォーマンス評価には、観察法と作品法のどちらであってももう一つの短所があります。それは計画的に評価しにくいとか評価できる範囲が狭くなるということです。教えた範囲全般にわたってこの技法だけで調べようとすると、時間がかかりすぎて計画的に行うことができないのです。

これらの点を総合すると、重要な学習活動だけを深く掘り下げて評価したり、表現の多様性や個性的特徴を捉える必要がある評価に限定して使うのがよいのではないかと考えます。

さらに観察法や作品法で得られた生（なま）の資料だけでは評価できませんから、解釈し判断するためのよりどころをきちんと設けておく必要があります。それがなければ、主観に流された評価になり、誰からも信用されません。

解釈や判断のよりどころが、この章で説明した評価規準と判定基準なのです。私が評価事例を一つ一つ目を通したときにこのことを痛感したのですが、特に判定基準を活用しなければパフォーマンス評価では「どこまで」を判断するポイントが分かりにくいと思いました。

学習と生活の両面から評価すれば、どの子も伸ばすことができる

ある小学校に、勉強は苦手ですがクラスの人気者という男の子がいました。担任の先生もクラスで人気があるから、劣等感を持たずに生活していると思い込んでいました。

ところがＳＥＴという心理検査（自己向上支援検査）を実施すると、「社会的効力感」という社会生活での自信を自己評価する項目で極めて低い結果がでました。この結果を担任の先生に報告すると、検査が信用できないといわんばかりでしたので、私の研究室にいた大学院生を送り込んで調べさせました。補助教員として毎日教室に入り、この男の子と親しく話し合える仲になったとき、授業についていけないことから劣等感が強くなり、それを隠すためにクラスでの人気者を演じていることを聞き出したのです。

そこでこの男の子の学習を支援する方法を見つけるために、ＳＥＴの結果を詳細に検討してみました。すると「学習の仕方」という項目の成績が最低レベルであり、一つ一つの質問内容を調べると、五年生になってもノートの取り方や予習・復習の仕方などの基礎的な学び方や習慣が身についていないことが分かったのです。

学び方が分からないために授業についていけず、その劣等感を隠すために人気取りを演じていたのではないかと考え、大学院生を通して担任の先生にそのことを説明しました。その後の様子を院生に聞くと、この男の子と向き合って学習の仕方を指導しておられる先生の姿を何回も見たとのことです。

少し長い紹介になりましたが、この事例のように子どもの生活全般を視野に入れた評価を行ってはじめて子どもが生かされるための指導法が明らかになるのです。学級担任を経験した先生が、子どもの勉強の背後にあるものを捉えなければならないとよく話されるのはこのことに気づいておられるからです。

子どもにとっては、学習と生活の間に垣根はありません。学習指導と生徒指導に分けているのは教師側の都合によるのであって、関連づけて進める必要があります。

全体を視野に入れ、しかも一つの要因が他の要因とどのようにつながっているかを捉えるところまで評価を掘り下げることが肝要です。教師の日常観察だけでは、どうしても表面的な捉え方になってしまい、ダイナミックな心の働きまでは確認できません。違った角度から捉える評価が必要であり、その点ではＳＥＴのような心理検査が役立ちます。

「到達度」という用語から、「学習状況」や「達成状況」という用語を使うようになったのは、量的なレベルだけでなく、質的な特徴までも評価の対象にしようというねらいがあるからです。その質的な特徴としては、観点別評価のように学力の質を評価すると同時に、心的要因が相互に影響し合うダイナミックな様相までも把握してほしいものです。

【著者】北尾倫彦（きたおのりひこ）　大阪教育大学名誉教授　文学博士

学校の授業研究の助言や講演で各地を回り、わかりやすい話と歯切れのよい突っ込みでファンも多い。専門は教育心理学であり、それをベースにした教育論を文科省等の会議で主張し、出版物でも発表してきた。

著書は、『授業改革と学力評価』『観点別学習状況の評価規準と判定基準』（監）、『学びを引き出す学習評価』（編）、「ＣＲＴ標準学力検査」（共）、「ＳＥＴ自己向上支援検査」（共）（以上図書文化刊）など多数。

「本物の学力」を伸ばす　**授業の創造**

2011年7月15日　初版第1刷発行［検印省略］

著　　者　北尾 倫彦 ©
発 行 人　村主 典英
発 行 所　株式会社 図書文化社
〒112-0012　東京都文京区大塚 1-4-15
TEL 03-3943-2511　FAX 03-3943-2519
http://www.toshobunka.co.jp
振替　00160-7-67697
組版・印刷・製本　株式会社 厚徳社

ISBN978-4-8100-1593-5 C3037
乱丁，落丁本はお取替えいたします。
定価はカバーに表示してあります。